LEZIONI DI MERAVIGLIA

Viaggi tra filosofia e immaginazione

Andrea Colamedici, Maura Gancitano
Lezioni di meraviglia. Viaggi tra filosofia e immaginazione

Illustrazione in copertina
Surprised Owl, in concessione da 123rf.com

Progetto grafico
Andrea Colamedici, Andrea Pizzari

Revisione
Matteo Trevisani

Redazione
Michele Trionfera

I edizione: maggio 2017
ISBN 978-88-99684-48-8

INDICE

Il lavoro filosofico è propriamente – come spesso in architettura – piuttosto un lavoro su sé stessi. Sul proprio modo di vedere. Su come si vedono le cose. (E su che cosa si pretende da esse).

Ludwig Wittgenstein

Lo stupore è la molla di ogni scoperta. Infatti, essa è commozione davanti all'irrazionale.

Cesare Pavese

INTRODUZIONE

Questo libro parla a chi almeno una volta nella vita si è domandato: "Perché il mondo *esiste*?".

"Cos'è questo corpo che ho?», «sono io che lo abito o è lui che abita me?", "chi sono gli altri? esistono davvero?", "esiste l'amore?", "esiste la morte?" sono tutte questioni che originano da una domanda fondamentale che ci auguriamo, lettore, sia anche la tua: "Perché c'è l'essere e non il nulla?". Se questo ti sembra solo un problema da filosofi non possiamo che darti ragione: i filosofi vedono problemi che altri non vedono. Per questo pensiamo che essere filosofi sia come essere gravidi: o lo sei o non lo sei. O ti domandi il senso del tuo stare al mondo, metti in dubbio ogni credenza che la tua società dà per buona e ti lasci atterrire dall'essere, oppure non te lo domandi. Si può educare alla filosofia e coltivare l'atteggiamento filosofico, ma non si può rendere filosofo qualcuno che non lo è già.

Per questo tratteremo la *meraviglia* in un modo insolito per il senso comune: il filosofo si meraviglia perché viene colpito da fenomeni che non toccano la maggior parte delle persone, e prende in considerazione la loro incoerenza, la complessità che rivelano, le domande che suscitano. E le coltiva. Se qualcosa lo colpisce, il filosofo inizia a inseguirlo dimenticando tutto il resto, anche se la corsa sembra inutile. È come Alice che insegue il Bianconiglio: non lo fa per diventare più intelligente ma perché desidera vedere quanto è profonda la sua tana e cosa nasconde.

Per Massimo Cacciari il problema che colpisce il filosofo è «un problema su cui l'opinione comune sorvola, che non coglie, non afferra. La disposizione, la vocazione filosofica, invece, lì vede un abisso. Per l'opinione pubblica che si muoia può essere un fatto normale, che si nasca può essere un fatto normale o – usando dei termini filosofici propri – perché dovrebbe meravigliare che ci sia l'essere invece del nulla? Un filosofo invece non lo trova normale. Non è meraviglioso che esista tutta questa infinita molteplicità di enti, di cui nessuno uguale all'altro, nessuno identico all'altro, tuttavia in relazione gli uni con gli altri? Non è tutto ciò meraviglioso, tremendo e meraviglioso? Non è tutto ciò un problema?»[1]

Il filosofo cerca di scardinare quei meccanismi del proprio pensiero che gli fanno ritenere ovvi dei fenomeni casuali, perché desidera eliminare tutti i filtri che separano i suoi occhi dalla visione della nuda realtà, e così facendo mette in dubbio anche sé stesso e la propria funzione nell'Universo. Cerca di non dimenticarsi mai di essere una minuscola porzione di coscienza in uno spazio sconosciuto e sterminato. Nell'*Introduzione alla Metafisica*, Martin Heidegger ha scritto:

[1] Da *Come nasce la filosofia?*, video-intervista a Massimo Cacciari realizzata dal portale Asia (www.asia.it) il 14 settembre 2009 in occasione delle *Vacances della Filosofia*.

Se intendiamo dunque perseguire nel suo vero significato e fino in fondo la domanda: «Perché vi è, in generale, l'essente e non il nulla?», bisogna evitare di porre in primo piano un ente particolare, anche l'uomo. Perché, che cos'è in fondo quest'essente? Raffiguriamoci la terra nell'Universo, per entro l'oscura immensità dello spazio. Al suo confronto, essa è come un minuscolo granello di sabbia fra il quale e il più prossimo granello della stessa grandezza si estendesse un chilometro e più di vuoto: sulla superficie di questo minuscolo granello di sabbia vive un ammasso caotico, confuso e strisciante, di animali che si pretendono razionali e che hanno per un istante inventato la conoscenza (cfr. Nietzsche, *Su verità e menzogna in senso extramorale*, 1873, opera postuma). E che cos'è mai l'estensione temporale di una vita umana nel giro di tempo di milioni di anni? Appena uno spostamento della lancetta dei secondi, un breve respiro. Non sussiste alcun motivo perché, per entro all'essente nella sua totalità, si debba porre in primo piano quell'essente chiamato uomo, alla cui specie noi stessi per caso apparteniamo.[2]

Lezioni di Meraviglia parla di questo, di come ogni discorso filosofico abbia sempre alla base una visione metafisica (dal greco *μετά τα φυσικά*, *metà ta fusikà*, "ciò che va oltre il piano fisico"), e tenti di restituire con il *logos* un'esperienza non ordinaria del reale, e di complicarla, contenendo tutti gli elementi da cui è composta senza farne fuori nessuno, in particolare senza escludere ciò che potrebbe non confermare la propria visione delle cose, e quindi semplificare la prospettiva. Il filosofo complica e al contempo spiega: e cioè etimologicamente piega insieme (*cum-plicare*) e distende (*dis-piegare*). Lega e scioglie, scioglie e lega i fili con cui è intessuta la nostra esistenza.

[2] M. Heidegger, *Introduzione alla Metafisica*, Mursia, Milano 1990, p. 13-16.

Si tratta di lezioni (dal latino *lectus*, participio passato di *legere*, leggere), dunque non di un modo per pontificare, ma semplicemente per leggere i fenomeni, di descrivere la grammatica del mondo, sebbene il tentativo sia sempre infedele perché si scontra con i limiti della nostra comprensione.

Se ti aspettavi, dunque, che la tesi del libro fosse che ogni cosa andrà bene se ti porrai in un atteggiamento positivo, ritieniti già deluso: non è di questo che tratteremo, ma dell'atteggiamento di chi rimane di fronte a ciò che è perturbante (*unheimlich*),[3] e cioè dell'atteggiamento filosofico di chi sceglie di fare a meno della consolazione.

Consolarsi spegne il pensiero e annulla il discernimento; la *meraviglia*, invece, nasce dalla disposizione a non rimuovere quel che potrebbe negare la tua visione del mondo. Per meravigliarti davvero devi essere disposto a mettere costantemente in dubbio ogni cosa, altrimenti non puoi essere un cercatore che anela sinceramente alla verità, anche a costo che non sia bella.

Quando chiesero a Pier Paolo Pasolini se ci fosse un'espressione del dialetto romanesco che lo colpiva più delle altre, rispose: «Ce n'è una che amo particolarmente. È *anvedi*. Perché è l'unico caso, l'unico momento in cui il romano si scopre. Cioè rivela di possedere la capacità di stupirsi e di non essere sempre apparentemente cinico o distaccato. Perciò *anvedi* mi piace molto». Nel romanesco l'*anvedi* ha un temibilissimo avversario: il *ma che te frega* che il mondo sussurra all'orecchio del filosofo.

[3] *Unheimlich*, il termine coniato da Sigmund Freud per indicare il "perturbante", significa letteralmente "ciò che non è confortevole, che non è casa (*heimlich*)".

"Cosa t'importa? Perché ci pensi, perché ti ossessioni, perché te la prendi?", gongola il mondo. "Perché è un dono che mi viene offerto", risponde il filosofo. "Cos'è questo dono?", insiste il mondo. È la «straziante meravigliosa bellezza del creato», afferma sospirando Totò nei panni di Iago. È l'ultima battuta di *Che cosa sono le nuvole?*, l'episodio di *Capriccio all'italiana* girato da Pasolini.

La vita ci pone costantemente di fronte a opportunità di *anvedi* da cui ci smarchiamo con paura e cinismo, e preferiamo rifugiarci nel già noto, nel già vissuto e quindi nel già morto. Nei versi iniziali de *Il pianto della scavatrice* Pasolini mostra l'estrema importanza dell'incontro con l'Altro, dell'esercizio alla vicinanza e alla presenza, e quindi, all'*anvedi*:

> Solo l'amare, solo il conoscere
> conta, non l'aver amato,
> non l'aver conosciuto. Dà angoscia
>
> il vivere di un consumato
> amore. L'anima non cresce più.[4]
> [...]

[4] P. P. Pasolini, *Le ceneri di Gramsci* (Poemetti, 1957), in *Tutte le poesie*, I Meridiani Mondadori, Milano 2003.

Capitolo 1

Navigatori e Poeti

La prima domanda da porsi è "Che cos'è la filosofia?". La risposta sembra chiara, e del resto ce la ripetono da secoli: la filosofia è amore per il sapere, di conseguenza il filosofo è colui che ama il sapere. Abbiamo una brutta notizia: non è così. Il termine filosofia è composto dal verbo *το φιλέιν* (*to philein*) e dal sostantivo *σοφία* (*sophia*). *To φιλέιν* non vuol dire, però, "amare" nel senso di essere in contatto, di stare insieme alla "sapienza" (*σοφία*). Esprime, al contrario, il vivere nella condizione tragica di chi desidera la conoscenza e la sente sfuggire ogni volta. Il filosofo non è il marito o la moglie della *sophia*, ma lo spasimante. Jorge Luis Borges, Carlos Castaneda, Emil Cioran, Edith Stein, Simone Weil, per citare alcuni tra i più interessanti filosofi del Novecento, erano perdutamente innamorati della *sophia* ma la vedevano dileguarsi sempre: la sapienza andava via e loro tentavano di correrle dietro, di raggiungerla. E questa tensione costante, questo instancabile desiderio erotico è profondamente connaturato a ogni filosofia.

La filosofia è un attrito, un desiderio che il mondo cerca costantemente di allentare. Il termine *mundus* in latino indica un luogo "chiaro, visibile e ordinato": caratteristiche opposte a quelle della filosofia, che ha piuttosto a che fare con l'oscuro, l'invisibile e il caotico. Mentre il mondo anela all'appiattimento e all'uguaglianza, la filosofia esalta la varietà e la differenza, perché è consapevole del nomadismo della verità. E il filosofo è un corridore che, giocoforza, fa del mondo la propria pista, consapevole che nessuno intorno a lui conosce la direzione. Per raggiungere l'inarrestabile conoscenza, quindi, non può basarsi sulle urla che sente, ma deve fare affidamento su un'altra sensazione, su altri tipi di segni, diversi da quelli ordinari. Imparare a cogliere questi segni è fare filosofia.

IL FILOSOFO È UN NAVIGATORE

Il desiderio di acchiappare la *sophia* è come una bomba a orologeria. Il mondo intorno a te, filosofo, la disinnesca, perché non è in grado di sostenere un *agente di cambiamento* così grande. È probabile, quindi, che ti suggerisca di rinunciare a una parte di quel bisogno, di ridurlo a un rapporto affettivo e non a un amore folle e totalizzante, in modo che tu possa passare il resto della giornata a lavorare, guidare l'automobile, fare shopping e svagarti, pensando alla tua amata di tanto in tanto ma senza che tutto questo ti impedisca una vita ordinaria e normalizzata.

Non puoi smettere di amarla ma non puoi neppure inseguirla tutto il giorno, ti diranno, e ti aiuteranno a mantenere attiva una piccola porzione di quel bisogno, che però non ti renderà realmente pericoloso, sovversivo, ribelle, disubbidiente. Servirà soltanto a tenerti buono, a farti sfogare la tua quotidiana dose di divino, così che non monti in te la sacra rabbia di esistere. La filosofia è, infatti, un processo di creazione di individui pericolosi. Pericolosi prima di tutto per sé stessi, e poi per il mondo. *Periculum*, infatti, è il tentativo, l'esperimento: e il filosofo è chi ha la forza e il coraggio di riconoscere il mondo intero come un gigantesco *esperimento*.

Il filosofo è qualcuno che ha percepito la tensione e ha scelto di non farsela sottrarre, e che passa tutta la propria esistenza a difenderla e ad alimentarla, rinunciando a tutto il resto, a tutto quel che potrebbe dargli sicurezza. La filosofia è una navigazione, e navigare implica sempre la disposizione ad abbandonare la terraferma.

Se vuoi scoprire nuove terre e decidi di imbarcarti, a un certo punto accadrà questo: sarai sul mare e saprai di avere alle spalle la tua terra, ancora a portata di sguardo, e davanti a te qualcosa di nuovo e pericoloso; se ti volterai indietro potrai ancora vedere i lineamenti di ciò che per te vuol dire casa, sicurezza e abitudine, ma se vorrai scoprire nuove terre dovrai smettere di voltarti e andare avanti, sapendo che, se ti voltassi, vedresti solo il mare. Quello sarà il momento in cui comincerà la filosofia: quando dietro di te non ci sarà *più* casa, e davanti non ci sarà *ancora* qualcosa. Intorno solo l'ignoto, pronto a provocare esperienze di incredibile *meraviglia*, di *θάυμα* (*thauma*).

IL FILOSOFO È UN POETA

Un'altra idea che potrebbe far storcere il naso è questa: un filosofo è sempre un poeta. Non perché scriva poesie ma perché è egli stesso una composizione poetica.

Uno straordinario filosofo italiano, in questo senso, è stato Eugenio Montale. Un poeta con vissuti spirituali abissali.

Prendiamo *Forse un mattino andando*, una delle poesie contenute in *Ossi di seppia*.

> Forse un mattino andando in un'aria di vetro,
> arida, volgendomi, rivolgendomi, vedrò compirsi il miracolo:
> il nulla alle mie spalle, il vuoto dietro
> di me, con un terrore di ubriaco.
> Poi d'improvviso s'uno schermo, s'accamperanno di gitto
> alberi case colli per l'inganno consueto.
> Ma sarà troppo tardi; ed io me n'andrò zitto
> tra gli uomini che non si voltano, col mio segreto.

Si comincia con "forse", la parola alla base della filosofia. Non è Dio, non è Uno, non è Essere, non è Ente, ma è "forse". Non significa "io sono sperduto nel mondo e non posso sapere nulla". È una traduzione del celebre "so di non sapere" socratico, ossia è un "so" relativo di un "non sapere" assoluto.

In altre parole, la conoscenza continua a sfuggirti, riesce sempre a voltare l'angolo prima che tu la possa raggiungere, e in ogni momento ti rendi conto che lei è più veloce e scaltra di te. «Io so di non possederla, di non esserci pienamente dentro», dice Socrate, «mentre gli altri non lo sanno». Ecco perché l'oracolo poteva dire che Socrate fosse il migliore tra gli uomini: perché tutti intorno a lui erano convinti di essere sapienti, sposi, mentre lui era consapevole di non poterla neanche accarezzare. E, soprattutto, sapeva di dover imparare a vivere in un mutamento costante, in un anelito perenne, pronto a qualunque tempesta, unica condizione all'interno della quale avrebbe potuto *farsi* filosofia, *lasciarsi fare* dalla filosofia. L'atteggiamento del navigatore, appunto, che vive sull'acqua anziché sulla terraferma.

Per questa ragione Montale inizia la sua poesia con la parola "forse", come se volesse dirci "io non so se succeda davvero in questo modo", "voglio raccontarvi questa esperienza possibile, ma potrei non aver capito la sensazione che racconto perché mi supera, perché le parole fanno fatica a racchiuderla, perché non voglio ridurla, perché vorrei alludere a qualcosa che potreste aver vissuto o potreste un giorno vivere anche voi". Come la filosofia, anche la poesia rischia di essere presuntuosa e arrogante, di stabilire i limiti della realtà, di dirci le cose come stanno, e quindi di promuovere un dogma anziché invitare al viaggio. Iniziando con la parola "forse", Montale confida di non possedere la verità ultima, e allo stesso modo cerca di restituirci la purezza della propria esperienza di meraviglia.

«Un mattino». Non una data precisa ma un momento *qualsiasi* del tempo e dello spazio in cui *qualcosa* si potrebbe manifestare: è il "c'era una volta". Non possiamo controllare come e quando queste esperienze possano accadere, ma solo disporci ad accoglierle.

«Andando in un'aria di vetro, arida». Un'aria che può rompersi, che da un momento all'altro può infrangersi e manifestare quello che nascondeva. Una gabbia invisibile, in altre parole; come se il mondo stesso non fosse che una gabbia trasparente. È arida perché improduttiva, non fruttuosa; perché non dà vita a niente di nuovo.

«Rivolgendomi». Nel VII libro della *Repubblica* Platone parla di volgersi e rivolgersi, usando il termine *περιαγογή* (*periagogé*), che potremmo tradurre con "conversione", un'esperienza di cambiamento di visione. Rivolgersi significa cambiare prospettiva, vedere la realtà con occhi diversi, abbandonare l'*atteggiamento naturale* che inquadra e categorizza la realtà secondo presupposti impliciti, come sosteneva Edmund Husserl, e aprirsi al fenomeno senza pregiudizi, cioè con *atteggiamento filosofico*.

«Vedrò compirsi il miracolo». Si compie un miracolo, termine dal verbo *mirari* che significa, guarda caso, "meravigliarsi": il miracolo è il meraviglioso a cui ci è permesso di assistere. Non si tratta dell'apparizione della Madonna o dell'acquisizione di un superpotere, ma semplicemente di questo: «Il nulla alle mie spalle, il vuoto dietro di me». Ecco il vero miracolo, la manifestazione di quel che prima non vedevi, ma che era sempre stato lì, oltre la prigione trasparente. Quando la prigione di vetro si rompe, ecco che avviene la manifestazione del miracoloso: ossia appaiono il nulla e il vuoto.

Quali altre parole sono in grado di raccontare un'esperienza di illuminazione simile se non *nulla* e *vuoto*? Sono parole allusive, libere dal dogmatismo religioso e iconografico. Oltre il velo di Maya tastato da Schopenhauer, Montale ha percepito sé stesso e il mondo che lo circondava come una materia vuota, e quindi piena di milioni di possibilità, e al tempo stesso nulla, libera cioè dalle maglie della contingenza. Infiniti mondi percepibili in un attimo, universi paralleli, vite possibili, forze indefinibili che permettono all'ordinario di manifestarsi ma che la mente umana esclude dal suo sguardo costantemente, a meno che – quando meno te lo aspetti – l'aria di vetro non si rompa.

Dietro non ci sono angeli, dèi o maestri ascesi, ma solo l'astratto. L'epifania, l'intuizione e l'illuminazione sono *astrazioni*, e quando si riesce ad accedere a una percezione astratta delle cose e si fa esperienza del piano metafisico si percepisce il vuoto, il nulla e noi stessi come pura coscienza che osserva, al di là delle caratteristiche individuali.

Chissà se era alla stessa esperienza che desiderava disporsi Immanuel Kant durante le sue celebri passeggiate a Königsberg. Se, decidendo di compiere la propria marcia ogni giorno alla stessa ora per le stesse strade del proprio paesino, per anni e anni, non stesse cercando l'emersione di ciò che nelle sue opere aveva chiamato *sublime*. Nella *Critica del Giudizio* scrive a proposito: «In realtà, ciò che noi, preparati dalla cultura, chiamiamo sublime, [...] è per l'uomo rozzo semplicemente terribile. Questi, in quelle manifestazioni dell'impero devastatore della natura e della sua grande potenza, di fronte a cui il suo potere si riduce a niente, non vedrà che il disagio, il pericolo, l'affanno, che colpirebbe l'uomo che vi sarebbe esposto».

«Con un terrore di ubriaco». Passando dalla concretezza all'astrazione, il poeta passa dall'aridità all'ubriachezza. Non è possibile fare esperienza di meraviglia con piena lucidità; bisogna disporsi a ubriacarsi di senso e a lasciarsi terrorizzare. *Thauma*, ancora una volta. Il poeta si trova in una terra di mezzo, né di là né di qua, né in uno stato non ordinario né in uno straordinario. Non si trova immerso nelle identificazioni del mondo e dunque appare ubriaco, privo di lucidità. Come chi – nel mito della caverna raccontato da Platone – è consapevole della differenza tra tenebra e luce, tra inconsapevolezza e consapevolezza, e inizia a camminare nel mondo ordinario in modo incerto, e inciampa, sembra confuso, e non è più in grado di orientarsi. Ha assistito al crollo della scenografia che aveva scambiato per la realtà esistente, e non riesce più a recitare.

«Poi, come s'uno schermo, s'accamperanno di gitto alberi case colli». Ed ecco che dopo la visione torna tutto *normale*. Per un istante il poeta ha visto che al fondo di ogni cosa ci sono soltanto il *nulla* e il *vuoto*. Poi però tutto è tornato com'era prima, tutto al proprio posto «per l'inganno consueto». Accade spesso: quando si conclude un'esperienza di meraviglia estrema che ha messo a soqquadro le tue convinzioni, tutto si ostina a tornare esattamente com'era prima. E, di solito, accettiamo l'inganno e mettiamo da parte quell'esperienza, depotenziandola per poterla gestire meglio, fino a vederla sparire. Così facendo torniamo gli stessi di prima, collegati allo stesso inganno, come sintonizzati sulla stessa frequenza ingannevole; una convenzione che ci rende la vita più serena e meno terrorizzante.

«Ma sarà troppo tardi», aggiunge Montale. Sì, rimettete pure tutto a posto, ma io non dimenticherò. Io rimarrò consapevole dell'inganno. «E io me n'andrò zitto. Tra gli uomini che non si voltano, col mio segreto», come a dire: io ritorno tra gli altri, pur sapendo che tutto ciò che appare reale – alberi, case, colli – è una pantomima. Ma starò zitto, tra gli «uomini che non si voltano» e che quindi non sono in grado di riconoscere il nulla, il vuoto e la dissoluzione come fondamento dell'esistenza, e come estrema e fertile paura dell'essere umano.

«Col mio segreto». Me lo tengo stretto, non voglio parlarne a meno che non si tratti di un'allusione per chi può capire. A meno che non sia sotto forma di poesia, che verrà sì vivisezionata e quindi svuotata dai critici che la leggeranno, ma capita davvero soltanto da chi cerca o ha vissuto un'esperienza simile alla mia.

Il filosofo è un poeta in grado di portare dentro di sé il segreto di una rivelazione, sviluppando un modo irriducibile di vivere la propria vita. I suoi vissuti non possono essere ridotti in categorie e classificati; il suo modo di pensare potrebbe non servire ad alcunché, non se ne possono ricavare algoritmi e tecnologie avanzate ma solo strade nuove per comprendere l'essere umano.

La razionalità, al contrario, riduce l'uomo e il sapere a cui può attingere, e mette da parte il *forse*, per come lo intende Montale. Ciascuno di noi vive in un ambiente piccolo, dentro cui può illudersi di sapere molto solo perché è chiuso ermeticamente in quel mondo. Siamo portati a confrontarci con chi fa parte del nostro stesso sistema, a misurarci con gli altri e a pensare che essere sapienti sia arrivare primi in classifica. Ma è sufficiente uscire da quell'ambiente per rendersi conto della gabbia che abitavamo, che dava di noi un'immagine potenziata proprio perché limitata. Se vivi in gabbia non puoi essere più grande della gabbia che ti "contiene".

Immagina cosa succederebbe se il tuo mondo diventasse più grande, se ti si aprissero conoscenze nuove in discipline che non conoscevi, in grado di minare il tuo senso di sapienza. Ti tornerebbe in mente il *forse*, e probabilmente sapresti di sapere molto meno di quel che pensavi. Avresti intorno talmente tante cose che non sai, che potrebbe venirti in mente che tra te e la conoscenza c'è un rapporto proporzionale: più tu conosci, più lei si espande; più acceleri per raggiungerla, più lei scappa via in fretta. Se tu raddoppi, lei quadruplica.

Capitolo 2

Lo stupore e l'orrore

Il primo filosofo della storia è stato colui che si è visto *gettato nel mondo* e si è reso conto di trovarsi in uno spazio senza protezioni, catapultato in un ambiente enorme, potente e chiaramente ostile dal quale doveva imparare a proteggersi e nutrirsi. Doveva capire come vivere in un luogo in cui sembrava possibile soltanto morire. Nell'istante in cui tutto questo si è manifestato nella sua tremenda grandezza ha avuto inizio la *meraviglia*, madre della filosofia. E il filosofo ha saputo rispondere.

Le prime testimonianze della filiazione della filosofia dalla meraviglia si trovano nel *Teeteto* di Platone e nella *Metafisica* di Aristotele. «È proprio del filosofo questo che tu provi, di esser pieno di meraviglia; né altro cominciamento ha il filosofare che questo», scrive Platone.[5] Essere pieno. Non basta un pizzico di meraviglia per cominciare a filosofare: bisogna esserne colmi fino a esondare. La meraviglia provata dev'essere più di quel che si è in grado di contenere: il contenuto deve oltrepassare il contenitore. È necessario superarsi. E Aristotele idealmente prosegue: «Infatti gli uomini hanno cominciato

[5] Platone, *Teeteto* 155 d.

a filosofare, ora come in origine, a causa della meraviglia». Si continua a cominciare a filosofare, ancora oggi. Si continua, cioè, a non farsi bastare ordini, mondi, cosmi e universi. E la filosofia ricomincia, ogni volta, dalla meraviglia di un essere umano che non si accontenta di sopravvivere. Ogni filosofo ricomincia la filosofia, e ogni volta lo fa a partire dalla meraviglia.

Camminando per la città ti sarà accaduto di fermarti a osservare qualcosa che nessun altro aveva notato: un musicista di strada, uno scorcio, una statua, il cielo. Ecco: il filosofo è colui che si stupisce. Che, cioè, sa star fermo, immobile, attonito – dal latino *stupere* – mentre gli altri continuano a camminare, senza lasciarsi catturare dal colossale spettacolo dell'essere vivi.

DUE GRADI DI MERAVIGLIA

Aristotele aggiunge: «Mentre da principio restavano meravigliati di fronte alle difficoltà più semplici, in seguito, progredendo a poco a poco, giunsero a porsi problemi sempre maggiori: per esempio i problemi riguardanti i fenomeni della Luna e quelli del Sole e degli astri, o i problemi riguardanti la generazione dell'intero Universo».[6]

Ecco due gradi diversi del provare meraviglia: all'inizio ci si meraviglia per le piccole cose, e basta poco per stordirsi. Lentamente, di sfida in sfida, il filosofo impara a gestire l'irruzione del meraviglioso e si dispone all'aumento costante della dose di meraviglia quotidia-

[6] Aristotele, *Metafisica*, 982bc.

na: arriva così a sottoporsi problemi enormi, fino a immaginare di poter gestire la domanda sulla generazione dell'Universo: la cosmogonia.

Ogni filosofia è una cosmogonia. Dal greco *κοσμογονία*, composto di *κόσμος*, "Universo", e *γονεία* "generazione", letteralmente è il racconto della generazione dell'Universo, cioè un tentativo di restituire attraverso il discorso un'idea del mondo e della sua origine, pur sapendo che si tratta di un'architettura imperfetta perché umana. L'essere umano non può comprendere, eppure ha necessità di farlo: senza mettere al mondo il mondo, senza dare ordine alla propria visione – senza creare una *teoria*, come vedremo nel capitolo 7 – non può ragionare.

Ogni cosmogonia, quindi, è necessaria ma rappresenta un tradimento della verità, l'unica istanza a cui il filosofo sia realmente fedele; deve sempre essere disposto, quindi, a tradire ogni cosmogonia che ha inventato quando comprende che non è più sufficiente, che è diventata un mondo troppo stretto. Le conseguenze di questo sono ontologiche, esistenziali, gnoseologiche e, come vedremo nell'ultimo capitolo, politiche. Una filosofia autentica, infatti, è un'idea di mondo che deve sempre evitare di diventare dogma e ideologia.

LA FILOSOFIA NON È SERVA DI NESSUNO

Oltre a testimoniare la nascita della filosofia dalla meraviglia, Aristotele ne mette in luce la sua inservibilità: per lui la filosofia non serve a nulla perché non è serva di nessuno. Ed è questa *inservibilità* a renderla il sapere più nobile.

Filosofare non serve a risolvere i problemi né a ottenere soluzioni. La filosofia non serve perché *non ha fine*. Non ha uno scopo tangibile o misurabile al di fuori di sé stessa. È filosofia per la filosofia, sostiene Aristotele, a cui farà eco il parnassiano Théophile Gautier, che inventerà *l'art pour l'art*: arte senza scopo politico e sociale, diretta esclusivamente verso sé stessa. Eppure la filosofia, come vedremo, ha irrimediabilmente a che fare con il servizio, con la relazione, con lo scoprire e il custodire quel che può servire, e forse la definizione di Aristotele non è pienamente accettabile. La filosofia *serve* proprio perché è al servizio di tutti, verrebbe da controbattere all'allievo di Platone. Ma andiamo per gradi: cominciamo dal comprendere che in ogni problema è nascosta la possibilità di spingersi più in là.

ARRIVARE ALL'ORRORE

Prosegue Aristotele:

> Ora, chi prova un senso di dubbio e di meraviglia [*thaumazon*] riconosce di non sapere; ed è per questo che anche colui che ama il mito è, in certo qual modo, filosofo: il mito, infatti, è costituito da un insieme di cose che destano meraviglia. Cosicché, se gli uomini hanno filosofato per liberarsi dall'ignoranza, è evidente che ricercarono il conoscere solo al fine di sapere e non per conseguire qualche utilità pratica.[7]

[7] *Ibidem.*

Scrive a tal proposito Emanuele Severino che la meraviglia non è il semplice stupore intellettuale di chi passa dai "problemi" (*ápora*) "più facili" (*prócheira*) a quelli "più difficili", «ma è l'angoscia estrema, il culmine al quale essa perviene quando il mortale si trova di fronte al *thauma* (dal greco *θάυμα*, "meraviglia", "sgomento") del divenire del Tutto – al terrore provocato dall'evento annientante che esce dal niente. In questo senso anche per Eschilo l'*epistéme* non mira ad alcun vantaggio tecnico (982b21), è "libera" (982b27) e ha come fine soltanto sé stessa (982b27), cioè la liberazione vera dal terrore».[8]

Severino afferma che la meraviglia di cui parla Aristotele è ben più vasta di quanto appaia a una lettura superficiale: non è in gioco, cioè, lo stupirsi del mondo. Non è semplicemente un "Uh, che bel tramonto! Che fiore stupendo!". Non è un "Wow" ma un terribile "Aaaah!" il suono che produce l'uomo meravigliato che ha in mente Aristotele. Non si tratta, cioè, dell'*ah-ha experience* di Köhler, o dell'*eureka* (*εὕρηκα*, che significa letteralmente "Ho trovato!") di Archimede Pitagorico. Non è il momento in cui tutti i puntini si uniscono, ma l'istante in cui il disegno si sparpaglia in infiniti puntini.

Il *thauma* è la percezione dell'orrore di esistere e la filosofia il prendere dimestichezza con quell'orrore e farne qualcosa di buono: «L'orrore ha un volto, e bisogna essere amici dell'orrore», confidava il colonnello Kurtz in *Apocalypse Now*. E, come Aristotele, anche Eschilo vede nella conoscenza l'unica via per superare questa angoscia. La filosofia, cioè, non si pone prima della materia,

[8] E. Severino, *Il giogo*, Adelphi, Milano 1989, p. 352.

prima della solida concretezza del mondo, ma dopo. Non rappresenta un modo per sfuggire alla realtà ma la via per affrontarne con forza ed entusiasmo l'ultimo lembo possibile. La filosofia, cioè, non è materia per codardi ma per individui estremamente coraggiosi, pronti ad affrontare ciò che sembra inaffrontabile: l'apparente mancanza di senso dell'esistenza.

Eppure questa *meraviglia estrema* non è un punto d'arrivo ma il punto di partenza: è il cominciamento del filosofare, appunto. Se non hai percepito il *thauma* di esistere non puoi iniziare quel cammino verso la conoscenza chiamato filosofia perché, quando ti troverai ad analizzare il dato di quell'«evento annientante che esce dal niente», dovrai avere una memoria di ciò a cui si sta alludendo. E non si parla, qui, di atteggiamento negativo nei confronti della vita, tutt'altro: si parla di senso di scala, di ricordo costante della gettatezza del mondo. Un filosofo gode della vita senza dimenticarsi del cielo stellato sopra di sé.

Capitolo 3

Il potere del dolore

Perché Aristotele sottolinea che l'amante del mito (il *philomytos*) è in qualche modo un filosofo? Perché anche a lui non tornano i conti. Il mito, cioè, non è una storiella consolatoria raccontata per far passare il tempo ai bambini, ma un tentativo di difendersi dall'angoscia della morte e del dolore messo in atto da chi ha avuto la forza di edificare spazi in cui inscenare i problemi. Il primo a presentarsi sul palco del mito è, infatti, il dolore. Scrive Severino:

> C'è la mazzata del dolore sotto la quale l'uomo non reagisce: la subisce. Poi il dolore si attenua – parlo di dolore in senso più ampio: psicologico e, sarei tentato di dire, innanzitutto fisico – e allora l'uomo incomincia a pensare e a preoccuparsi che il dolore non ritorni. In questa pausa, tra una mazzata e l'altra, nasce il mito come rimedio. [...] Il mito è cioè anticipazione, è previsione, e prevedendo, l'uomo mitico sopporta il dolore e la morte perché li inscrive all'interno di un senso unificante.[9]

[9] E. Severino, *Volontà, destino, linguaggio: Filosofia e storia dell'Occidente*, Rosenberg & Sellier, Torino 2010, p. 24.

Il mito permette alla meraviglia di farsi carico del dolore e della morte, come ha magistralmente mostrato Friedrich Nietzsche, imperniando la propria filosofia su questi due fuochi come a costruire un'ellissi. Ne ha tratto una visione straordinariamente paradossale e contraddittoria, e lui stesso era un individuo incoerente: il suo discorso filosofico (furioso, eccessivo, dissacrante) era agli antipodi del suo atteggiamento esistenziale (delicato, elegante, impaurito).

Friedrich sembra averci imbrogliato mostrando un Nietzsche prepotente e furioso nell'*Anticristo* o nel *Crepuscolo degli idoli*, in *Ecce Homo* e in tutte le sue opere capitali, dove si è slanciato oltre qualsiasi dolore e valore; che ha assistito e con *nonchalance* raccontato la morte di Dio, ossia la fine delle illusioni dell'essere umano, mentre la mano che scriveva forse tremava per troppa delicatezza. Lo evidenzia Lou Salomé, l'unica donna che Friedrich amò, nella biografia intellettuale che gli ha dedicato. Lo raccontano i suoi più cari amici: stava male se non riusciva a pagare in tempo una multa e aveva l'esigenza fisica di essere il più tenero e gentile possibile con chiunque gli stesse vicino.

Sebbene sia noto per essere il filosofo del superamento, dell'andare oltre, del liberarsi della dittatura del più debole ai danni del più forte, della volontà di potenza, era tutto meno che forte e violento, e coltivava la propria autentica fragilità consapevole di poter fare a meno di quel che avrebbe voluto. La capacità di sottrarsi alla possibilità di manipolare il mondo e gli Altri – quindi di elaborare non più teorie, ma ideologie – è un altro importante impegno del filosofo. Il filosofo che smette di accettare il dolore e la potente impotenza, che non è più fedele al vero e inizia invece a inventare mondi fittizi, che inizia a ritenersi sapiente, dimenticando di non sapere, rischia di perdere la chiave per entrare dentro la meraviglia.

IL DOLORE CHE TRASFORMA

Il dolore non è un polo da eliminare. D'altra parte non è neanche una divinità da sostituire al Dio defunto: quel trono deve restare vuoto, perché solo così può insegnarci a ricordare quel *thauma* da cui tutto è cominciato. Il dolore è piuttosto un agente di trasformazione costante. A questo proposito in *Così parlò Zarathustra* Nietzsche ha confessato di non essere stato il primo a scoprire la morte di Dio: al mercato, ad esempio, tutti sapevano che Dio fosse morto. Ma prima degli altri, Nietzsche ha domandato: "E adesso che si fa?". Cosa può ora l'essere umano?

Lui per primo si era reso conto della grande frattura tra visibile e invisibile, divenendone una sorta di profeta, puntando il dito su questa crepa e cercando disperatamente di ricomporre l'incanto. Si rifiutava di ricreare «un mondo davanti al quale potersi inginocchiare», ma era consapevole che per lasciare vuoto quel trono sarebbe stato necessario uno sforzo superumano. Avrebbe potuto costruire, con la sua competenza e con la sua genialità, uno dei più grandi sistemi filosofici della storia della filosofia, ma non ha voluto creare l'ennesimo simulacro, l'ennesima prigione dentro la quale sentirsi liberi pur di sfuggire alla morte e al dolore. Nietzsche ha riflettuto dall'interno di un cambiamento epocale di cui ancora non abbiamo compreso la portata.

COSA SERVE PER PERDERSI DAVVERO

Affrontare il dolore è il primo passo oltre la meraviglia. Davanti a quel dolore molti preferiscono restare nel guscio d'uovo che s'illudono possa proteggerli dall'urto del mondo. Accorgersi di essere *qui* è un atto di coraggio monumentale, perché significa ammettere di essere *sperduti*; e per *perdersi davvero* bisogna sapere di essersi persi.

Per sapere di essersi persi bisogna avere la sensazione che da qualche parte ci sia un luogo da raggiungere, e non avere idea di come arrivarci. A partire dallo smarrimento l'essere umano può finalmente orientarsi: può, cioè, riconoscere la propria posizione e darsi un orientamento, prendendo una direzione nel mondo. Affinché questo accada è necessario agire oltre la paura e cominciare a *toccare* il mondo. Attraverso il tocco qualcosa inizia ad accadere. Il mondo non è più soltanto ciò che viene incontro con violenza, da cui proteggersi e schermarsi. Non è più solo un pericolo ma anche una mèta.

L'uomo entra in contatto col mondo non più per urto, ma per scelta: e finalmente dice «Io tocco». Qui cominciano il gioco e le infinite scoperte dei bambini, che toccano e incontrano il mondo senza sosta. Dopo il tocco, l'uomo entra pienamente in relazione con il mondo. Questo incontro trasforma il dolore, è una sorta di *meraviglia diffusa*. L'uomo, toccando il mondo, impara a conoscere sé stesso. Toccando il mondo si tocca e si scopre. E, a forza di toccare, qualcosa resta tra le mani. Inizialmente questo *surplus* di mondo viene gettato; poi lentamente diventa un *oggetto*. L'uomo comincia a usare il mondo e a dire «Io uso».

Cosa accade tra il tocco e l'uso è un mistero ogni volta diverso, e nessuno ne conosce il processo. Cosa permetta all'uomo di trasformare un accidente in uno strumento è uno dei segreti che ci rendono umani. Accade che un bastone diventi una lancia. Accade che una pietra diventi un mezzo per intagliare la lancia. Accade che una pietra e un bastone diventino strumenti per accendere un fuoco.

E così l'uomo dice «Io modifico». Dall'uso passa alla manipolazione. Se prima prendeva quel che c'era, ora mette in relazione quel che trova intorno a sé. Solo dopo aver usato e modificato, l'uomo comincia a pensare a un mondo diviso in due: da una parte ciò che gli pertiene e dall'altra tutto il resto. In seguito a questa comprensione l'uomo si accorge di poter togliere pezzi a una parte di mondo che altri uomini considerano propria, e a immaginarla come *non ancora* sua. Ma se prima in gioco era solo l'uomo con il mondo, adesso in campo l'uomo incontra e si scontra con altri uomini. Attorno a lui non c'è più spazio per *quel che c'è*, ma solo per *quel che si ha o non si ha*. Ha inizio la conquista, e l'uomo può finalmente dire «Io possiedo». Il mondo *puro* non poteva essere realmente posseduto; il mondo violato, modificato, sì. Qui cominciano i confini, le dogane, il denaro. È un processo lento ma inesorabile, in cui l'uomo si convince che questo è il *suo* mondo, che appartiene interamente a lui. E il momento di massima lontananza da quella prima meraviglia accade quando questa sete di conquista si sposta dai territori esteriori a quelli interiori, dal mondo visibile a quello invisibile: la Salvezza, il Paradiso e l'Iperuranio da storielle della buonanotte diventano motivi per cui vale la pena uccidere, distruggere, eliminare.

Le attuali religioni monoteistiche differiscono da quelle originarie perché non nascono dal bisogno di trasformare il terrore dell'essere al mondo, ma dalla volontà di impedire a questo terrore di *rifarsi strada*. In altre parole, nascono dal desiderio di conquistare quegli spazi interiori che minacciavano, in seguito alla lunga elaborazione di quel terrore, di autogovernarsi. Non sono tragiche, non restituiscono la dimensione perturbante. Invece che un "uniamoci per soffrire e godere *meglio*, e finalmente capire" sono state un "uniamoci per soffrire e godere *meno*, e ciecamente credere". Le nostre religioni avrebbero potuto essere altro che promesse, minacce e consolazioni, ma non l'hanno voluto.

COME IL "MONDO VERO" FINÌ PER DIVENTARE FAVOLA – STORIA DI UN ERRORE

Friedrich Nietzsche in *Il crepuscolo degli idoli*[10] elenca una serie di passaggi che potrebbero permetterci, oggi, di disfarci del lato oppressivo e umiliante delle religioni e di

[10] F. Nietzsche, *Crepuscolo degli idoli*, Adelphi, Milano 1077, p. 104. L'elenco numerato che segue è ripreso dal testo.

aprirci pienamente al godimento della vita. Si tratta di sei punti nei quali sono ricapitolati due millenni e mezzo di storia della filosofia attraverso una storia della metafisica, della *verità*.

1. Il mondo vero, attingibile dal saggio, dal pio, dal virtuoso, – egli vive in esso, lui stesso è questo mondo. (La forma più antica dell'idea, relativamente intelligente, semplice, persuasiva. Trascrizione della tesi "Io, Platone, sono la verità").

In questa prima fase il mondo apparente e quello vero sono coesistenti e separati. Il saggio è nella prima sfera, interamente nel mondo *vero*. Esiste un mondo apparente, *sensibile*, ma è robaccia non interessante, da cui tenersi alla larga. Il saggio attinge in solitaria al mondo vero al punto tale da confondervisi. Lui stesso è quel mondo perché, abitando la virtù, è diventato virtù: esperendo la meraviglia è egli stesso meraviglia. Questa è la condizione di cui abbiamo nostalgia: l'ingenuità di chi poteva sentirsi una cosa sola con la conoscenza. Ma Platone *inventa* l'Iperuranio, un mondo su cui abitare che sia a portata d'intelletto, sulla base delle dottrine orfico-pitagoriche. Vuole garantirsi "un posto in paradiso": il suo scopo è, banalmente, smettere di fare filosofia. Non mettersi più alla ricerca della conoscenza ma prendervi la residenza, diventando con lei una cosa sola. È il sapiente che, saltuariamente, scende nel mondo ordinario a raccontare agli altri quanto siano sfortunati e illusi, e quanto lui sia generoso nel portare loro questa buona novella.

2. Il mondo vero per il momento, inattingibile, ma promesso al saggio, al pio, al virtuoso ("al peccatore che fa penitenza"). (Progresso dell'idea: essa diventa più sottile, più capziosa, più inafferrabile – diventa donna, si cristianizza...).

In una seconda fase storica, in cui dall'Iperuranio si passa al Paradiso e dal platonismo al cristianesimo, il saggio è in un punto intermedio tra i due mondi. Non è più pienamente nel vero ma è convinto dell'esistenza di un aldilà, di un Regno dei Cieli verso cui è sicuro di andare. L'applicazione del pensiero cristiano alla filosofia platonica allontana l'orbita del mondo vero ma a una distanza ancora accettabile. Il saggio non ha dubbi: il suo futuro è la salvezza. Ma sarà in un altrove, e non più dentro di sé come avveniva in precedenza. Non può più essere padrone di sé, perché ora appartiene a qualcos'altro che lo supera e lo inglobera. L'uomo non abita più nel mondo vero ma ha cominciato a pagare il mutuo della villa nei cieli. Vive, cioè, in una perenne promessa di meraviglia. Mentre nel sensibile è in affitto in un monolocale.

3. Il mondo vero, inattingibile, indimostrabile, impromettibile, ma già in quanto pensato una consolazione, un obbligo, un imperativo.

(In fondo l'antico Sole, ma attraverso nebbia e scetticismo; l'antica idea sublimata, pallida, nordica, Königsbergica).

L'uomo non è più legato al "vero". Si è accorto della distanza incommensurabile che lo separa da un mondo che potrebbe non esistere più, e che pure è ancora al centro dei suoi pensieri. Il pianeta su cui avrebbe voluto traslocare è oramai fuori portata. È piccato per i soldi buttati con il mutuo ma se ne è fatto una ragione: una vita sola non basterebbe a raggiungere il Vero. La perdita dell'ingenuità è arrivata a un punto di non ritorno. Kant – Königsberg era la sua città natale – sancisce tutto questo. E possiamo capire un fatto importante, che va detto e scritto piano: la storia della coscienza è il frutto di spostamenti di comprensione operati da singoli individui.

Quel che siamo ora è il frutto del lavoro di singole persone, scuole o personaggi, che hanno elaborato quanto si era smosso nel frattempo tra le masse. Le masse sollevano esigenze e desideri e i filosofi modellano, dando forma al sentire comune. Immaginano la forma del passato su cui potrà atterrare il nuovo futuro. Ogni filosofo fa cosmogonia perché reinventa l'origine, la storia e lo scopo dell'umanità: ci prova ogni volta, con la speranza che almeno in un caso riesca bene. Perché costantemente ci s'illude di avanzare, convinti che il passaggio del tempo comporti naturalmente un aumento di sapienza e progresso. O, allo stesso modo, s'immagina che la storia umana sia un costante allontanamento dalla fonte, come molti filosofi e mistici hanno sostenuto nei millenni. Il fatto è che stiamo effettivamente andando *da qualche parte*, ma non è né *avanti* né *indietro*. Non stiamo necessariamente migliorando o peggiorando: stiamo cambiando. La filosofia è sempre stata, nelle varie forme con cui si è fatta chiamare nella storia (architettura, danza, psicologia, e via dicendo), il catalizzatore di questi cambiamenti. Tranne oggi.

A un certo punto dalla storia la filosofia è quasi sparita, poco dopo Nietzsche. Ha scelto di non mettere più in questione il mondo, salvo alcune importanti eccezioni, e ha preferito limitarsi a sottolineare passaggi marginali. Da *interrogare* è passata a *sottolineare*. Dalla curva dell'interrogativo alla retta della sottolineatura, che non è altro che un punto esclamativo camuffato.

4. Il mondo vero – inattingibile. Comunque non raggiunto. E in quanto non raggiunto, anche sconosciuto. di conseguenza neppure consolante, salvifico, vincolante: a che ci potrebbe vincolare qualcosa di sconosciuto?...
(Grigio mattino, primo sbadiglio della ragione. Canto del gallo del positivismo).

In questa quarta fase il mondo vero è così irraggiungibile da essere quasi dimenticato. La promessa di felicità incarnata non fa più effetto sull'uomo, che ha smesso di guardare alle stelle alla ricerca di una soluzione. Osserva piuttosto il mondo apparente con fiducia, convinto della bontà del progresso scientifico e tecnologico. Nasce il positivismo. E *positivo* viene da *positum*: indica ciò che è posto a fondamento, radicato nel concreto. Il reale, l'efficace e il misurabile scalzano l'astratto, l'inutile e l'immateriale. Questa esaltazione positivistica della ragione non è la soluzione ideale per l'essere umano, ma rappresenta un passaggio essenziale per liberarsi della lepre meccanica dietro cui corrono i *credenti*, così da imparare a spingersi ancora oltre. Il metodo scientifico vuole sostituirsi alla metafisica nella storia del pensiero (lo scrisse Auguste Comte), impiantando una visione laica e immanente al posto del cattolicesimo imperante. La furia rigorosa della ragione riuscirà a mettere in atto questo scandaloso scambio. Ma non finirà qui.

5. Il "mondo vero" – un'idea, che non serve più a niente, nemmeno più vincolante – un'idea divenuta inutile e superflua, quindi un'idea confutata: eliminiamola.

(Giorno chiaro; prima colazione; ritorno del *bon sens* e della serenità; Platone rosso di vergogna; baccano indiavolato di tutti gli spiriti liberi).

Il mondo vero è sparito. A forza di fisica è scomparsa la metafisica. L'uomo non ha più bisogno dei braccioli per nuotare in acqua: la vita è di nuovo sopportabile grazie al mero utilitarismo, e a regnare è soltanto il buon senso.

Racconta una storiella Zen che un giorno un Maestro incontrò un grande guerriero e lo salutò come fosse un suo pari. «Io non so nulla dello Zen, Maestro», disse il guerriero. «Ma io vedo che tu conosci il segreto dello Zen», rispose il primo. «So solo combattere. Non so nulla, se non che morirò. E mi va bene», fece il guerriero. «Allora conosci il segreto dello Zen», disse il Maestro sorridendo.

Si muore. Ed è un'informazione in grado di riempire l'esistenza di senso, amore e significato. La vita è il tempo che abbiamo a disposizione per festeggiare il fatto che tutto si dissolverà. Eliminato il Grande Padre resta soltanto il mondo dei figli, terra di conquista per gli spiriti liberi impegnati nella messa in discussione *scientifica* di tutto. Fortunatamente, non finisce neanche qui.

6. Abbiamo tolto di mezzo il mondo vero: quale mondo ci è rimasto? Forse quello apparente?... ma no, col mondo vero abbiamo eliminato anche quello apparente.

(Mezzogiorno; momento dell'ombra più corta, fine del lunghissimo errore; apogeo dell'umanità: incipit Zarathustra).

Ecco la fine: non restano più né il mondo agognato dai positivisti, né l'aggancio per la dittatura del metodo scientifico. Insieme al mondo vero sparisce il mondo ordinario. Com'è possibile? Come accade questa sparizione del reale? È fondamentale capire la dimensione *morale* del discorso: con la sparizione del mondo *reale* vengono meno i valori che imbastiscono la trama della realtà. A diventare *favola* non è il mondo apparente, ma quello reale. È la metafisica a manifestarsi come un ramo della letteratura fantastica, come scrisse straordinariamente Borges in *Tlön, Uqbar, Orbis Tertius*, il racconto che analizzeremo nel prossimo capitolo.

Tutti i valori che dipendevano da quella letteratura fantastica cessano di tenere insieme il mondo – e cioè l'ordine – precedente. Ritorna un nuovo disordine e sparisce l'aura delle cose, la loro profondità simbolica. Se, cioè, il simbolo è un rimando al *mondo vero*, lo strumento che raccorda il visibile e l'invisibile, nel momento in cui viene a cadere il vero il simbolo perde un punto d'appoggio fondamentale e, quindi, cessa d'avere senso. Finisce un mondo, un cosmo, un ordine dietro cui sparisce qualsiasi segreto da rivelare. Tutto è in vista, pronto a essere contemplato. Senza il simbolo, il vero e l'apparente, finalmente l'uomo può ricongiungersi con le cose stesse. A mezzogiorno, l'orario indicato da Nietzsche per quest'ultimo passaggio, l'ombra è quasi assente. Lo *Zarathustra* di Nietzsche, nel paragrafo *Mezzogiorno*, contempla e benedice in quell'ora «segreta» e «solenne» il mondo, giudicandolo *perfetto*. Tutto è senza valore, e quindi senza *storie*. Il mondo si rivela per quel che è: caotico, ingestibile e tragico. E, quindi, immensamente meraviglioso. L'errore è finito.

Capitolo 4

Come la favola finì per diventare il mondo vero

Le storie fondano il nostro modo di rapportarci agli altri e a noi stessi. Ci formano, ci influenzano, s'impongono a fondamento di una comunità, diventandone la direzione e talvolta la mèta. Gli autori passano e i loro nomi vengono dimenticati ma le storie rimangono a segnare la rotta verso il futuro. «Le verità sono illusioni di cui si è dimenticata la natura illusoria», sosteneva Nietzsche. Sono storie che, a forza di essere ascoltate, si sono *verificate*. Non esistono *fatti*, ma solo interpretazioni: quel che ci viene tramandato è sempre e soltanto un racconto tra gli infiniti possibili, una tra le tante angolazioni che filtrano, modellano e delimitano. Ci sono storie collettive che diventano convenzioni e verità inconfutabili, e ci sono storie personali che direzionano le nostre vite e che possono essere totalmente diverse da quelle che dirigono la vita degli altri.

Un onnivoro può decidere di diventare vegetariano dopo aver letto delle storie sul dolore degli animali, per esempio *Se niente importa* di Jonathan Safran Foer, testo del 2009 che ha spinto migliaia di persone a cambiare la propria alimentazione. Non sono i dati a suffragio né i *fatti* a cambiare la direzione delle esistenze; a convincere davvero è sempre e soltanto la verosimiglianza di una storia. È l'insieme di *credibilità* e di *persuasività* a spingere verso un cambiamento di paradigma. "È verosimile che, dopo la lettura di questo libro, la mia vita cambi, che io scelga di mutare le mie abitudini, che vada a fare la spesa in altri posti, che passi davanti al banco della carne senza fermarmi, che rifiuti quella deliziosa costoletta quando sono a cena fuori?", si domanda ogni buon lettore *prima* di cominciare un libro *pericoloso*. Eppure non basta che un libro sia pericoloso; bisogna al contempo lasciarsi mettere in pericolo. E cioè domandarsi: "Sono disposto a permettere a questa storia, che ancora non conosco, di cambiare la mia vita?". Che, andando ancora più in profondità, significa: "Accetto che l'ignoto possa agire su di me *a sua discrezione*?". Jorge Luis Borges ha offerto queste prospettive ed è riuscito, al contempo, nel capolavoro di non dare mai soluzioni.

NODI E SOLUZIONI

Se ci sono persone nate per risolvere problemi e altre nate per sollevarli, lo scrittore argentino faceva di sicuro parte della seconda schiera. Si tratta di due approcci totalmente diversi, che rispondono a due esigenze istintive dell'essere umano: quella di creare o ottenere soluzioni (l'esigenza più bassa, che riduce tutto a un alternarsi tra problemi e soluzioni ai problemi), e quella di creare o chiedere nuovi punti interrogativi. La parola *soluzione*, infatti, deriva da *solvere*, "sciogliere". È ciò che accade una volta sciolto il nodo. Gran parte dei ricercatori vive solo per sciogliere i nodi del mondo, ed è a loro che dobbiamo lo straordinario sviluppo della tecnologia, della medicina e delle scienze in genere. Si tratta di persone che davanti a un nodo hanno l'insopprimibile esigenza di metterci dentro le mani per riportare la corda del mondo alla sua naturale rettitudine. Una piccola parte dei ricercatori, invece, oltre a sciogliere con maestria i nodi del mondo vive il potentissimo desiderio di domandarsi il *perché* lì ci siano dei nodi, e non soltanto il *come*. Si chiedono, cioè, perché quel nodo sia stato fatto proprio lì, e se si tratti di un nodo d'arresto, d'avvolgimento o di giunzione. Per questi individui bizzarri fa tutta la differenza del mondo se quel nodo serviva a unire due corde diverse, com'è il caso appunto del *nodo di giunzione*, o se aveva "soltanto" uno scopo decorativo, come nel *nodo a pugno di scimmia*. I primi si limitano, cioè, a offrire soluzioni, e ne provano grande soddisfazione. I secondi, invece, son di un altro avviso e non riescono ad accontentarsi dello *scioglimento*: da bravi bombaroli del dubbio piazzano ovunque interrogativi. Se questa seconda esigenza è viva in te, ti accorgi che tutta l'esistenza sta aspettando il tuo punto interrogativo e che non c'è nulla su cui tu non possa poggiare il tuo questionante arsenale. Ogni cosa è occasione di ragionamento.

Chi pone domande per ottenere una risposta sta rispondendo alla prima esigenza, cioè sta cercando una soluzione e non un interrogativo. *I Borges* sono grandi esperti di punti interrogativi e sollevano un'enormità di questioni senza spiegarle, mostrando ai lettori e agli ascoltatori matasse aggrovigliate che non si curano di sbrogliare.

In merito a *Tlön, Uqbar, Orbis Tertius*, racconto complesso e affascinante, Borges ha detto: «Uno dei più bei racconti che abbia mai scritto. I più si indirizzano verso racconti realistici. Così, un racconto come Tlön finisce per non rispondere alle aspettative. Questa è la ragione per la quale l'ho omesso dalla mia antologia personale».[11]

Ma cos'è il realismo? È ciò che permette di riconoscere e sancire la propria realtà come l'unica possibile. Ed è quel che fa la maggior parte dei narratori: raccontare una storia che rientri nei canoni, in ciò che si è abituati a vedere e a cui si risponde nella solita maniera. Ma Borges non poteva essere un realista, così come non potevano esserlo Philip K. Dick o Stephen King. Esiste una categoria di filosofi scrittori, che chiamiamo *i Borges*, le cui intuizioni hanno a che fare con la capacità di descrivere la realtà – la realtà dell'essere, dello stare al mondo, la vita interiore, la collettività umana – con caratteristiche immaginarie, vedendo e lasciando vedere ulteriori dimensioni.

C'è una narrazione piana, tangibile, basata sui fatti e sul mondo ordinario che può essere utile per sondare alcune questioni e che dunque non è da disprezzare. Ma per altri narratori non è sufficiente, perché sentono di avere davanti un telo che può (e non solo *deve*, ma *vuole*) essere attraversato. A differenza di altri che cercano di provocare grandi emozioni nel lettore, mostrargli razzi

[11] R. Burgin, *Conversazioni con Borges*, Palazzi, Milano 1971.

e navi spaziali, provocargli grandi risate o grandi paure, *i Borges* alternano costantemente narrazione ordinaria e narrazione fantastica, e *Tlön* rappresenta l'irruzione di un'altra realtà in questa realtà.

QUANTO FA 6 + 6

I *mondi possibili* in filosofia sono un argomento molto dibattuto, non solo come artificio intellettuale ma soprattutto come banco di prova per sperimentazioni scientifiche e linguistiche, così da immaginare nuove soglie di comprensione per l'intelligenza artificiale e le tecnologie avanzate. Eppure, i filosofi si scontrano spesso con un limite molto ingombrante: l'identificazione con il mondo in cui vivono e a cui credono grazie a innumerevoli pregiudizi. In molti libri, infatti – sia divulgativi sia specialistici – si afferma che i mondi possibili possono differire dal nostro per molte cose, ma altre rimangono certamente uguali: 6 + 6 farà sempre 12, per esempio. *I Borges*, al contrario, suggeriscono che possano esistere mondi in cui valgono leggi di geometria differenti, o che tali mondi siano quantomeno immaginabili. In cui 6 + 6 fa 8, o non fa. Uno di questi è Tlön, un mondo completamente falso e inventato. Leggendo della sua costruzione, il lettore sarà costretto a domandarsi se anche il proprio mondo, che non mette mai in dubbio, non sia una convenzione.

All'inizio del racconto viene riferito che Adolfo Bioy Casares, un amico di Borges che con lui aveva scritto molti racconti, ricordava che uno degli eresiarchi di

Uqbar aveva giudicato gli specchi come *diabolici*. L'aveva letto su un'*Enciclopedia* in cui erano presenti quattro pagine in più rispetto a tutte le altre copie della stessa edizione, che trattavano del mondo di Tlön.

Borges va alla ricerca di questo mondo e gli accadono delle coincidenze curiose. Nel corso degli anni riesce a scoprire che Tlön è un paese completamente falso, inventato, messo in piedi da una comunità di biologi, poeti, chimici, metafisici, ingegneri, astronomi, pittori, moralisti, geometri. A che scopo? Non per compiere una parodia né come gesto artistico o goliardico, ma per condurre all'esistenza una nuova realtà possibile, creando una lingua e diversi dialetti, e un differente funzionamento delle cose.

GLI INVENTORI DI TLÖN

E quindi chi furono gli inventori di Tlön? «Il plurale è inevitabile, perché l'ipotesi di un solo inventore è stata scartata all'unanimità». Borges immagina e cerca di ricostruire come sia stata creata l'*Enciclopedia* di questo mondo inesistente, attraverso un frammento di milleuno pagine faticosamente ritrovato. *I Borges* creano mondi come osservatori astronomici con cui ammirare da una nuova distanza la Terra da Altrove: «Un frammento vasto e metodico della storia totale di un pianeta sconosciuto, con le sue architetture e le sue guerre, col terrore delle sue mitologie e il rumore delle sue lingue, con i suoi imperatori e i suoi mari, con i suoi minerali e i suoi uccelli e i suoi pesci, con la sua algebra e il suo fuoco, con le sue controversie teologiche e metafisiche. E tutto ciò articolato, coerente. Senza visibile intenzione dottrinale o parodica».

Era difficile accorgersi della falsità del frammento, che portava con sé la tipica boriosità del linguaggio enciclopedico e che dunque poteva confondersi con il sapere ufficiale. «Questo piano è così vasto che il contributo di ciascuno scrittore dev'essere stato infinitesimale. Al principio si credette che Tlön fosse un puro caos, una irresponsabile licenza dell'immaginazione; si sa ora che è un cosmo, e le intime leggi che lo reggono sono state formulate, anche se in modo provvisorio». All'inizio sembrava che una generazione di tlönisti potesse bastare, eppure in seguito il compito passò a quella successiva. Non si trattava più di creare una piccola narrazione per svago o divertimento, ma una storia immensa, completa, al fine di creare un mondo finito e concluso, che veicolasse idee fisiche, biologiche, matematiche, morali totalmente diverse da quelle accettate dal pensare comune.

Leggendo i frammenti ritrovati, Borges non confonde mai vero e falso, non pensa neppure per un attimo che Tlön possa esistere. Eppure non interrompe la ricerca, e scopre che il progetto è nato nel Seicento, si è fermato per duecento anni e nell'Ottocento ha trovato nuova linfa e direzione.

> Una società segreta e benevola sorse per inventare un paese (e contò tra i suoi affiliati Dalgarno, e poi George Berkeley). Nel vago programma iniziale figuravano gli "studi ermetici", la filantropia e la cabala. In capo ad alcuni anni di conciliaboli e di sintesi premature, si comprese

che una generazione non bastava per articolare un paese. Si decise che ciascuno dei maestri che formavano la società si sarebbe scelto un discepolo per la continuazione dell'opera. Poi, dopo uno iato di due secoli, la confraternita risorge in America. Nel 1824, a Memphis (Tennessee), uno degli affiliati parla con l'ascetico milionario Ezra Buckley. Quest'ultimo lo sta a sentire con un certo sprezzo e si ride della modestia del progetto. Dice che in America è assurdo inventare un paese e propone l'invenzione di un pianeta. A questa idea gigantesca ne aggiunge un'altra, figlia del suo nichilismo: quella di mantenere il silenzio sull'enorme impresa.[12]

THINK BIGGER

Immaginate un magnate dell'industria americana che suggerisce di pensare più in grande (*think bigger*), e dunque di non inventare un paese immaginario, ma un intero pianeta. Non si tratta del semplice pensiero pragmatico degli Stati Uniti, ma di qualcosa di più sotterraneo: Buckley che «nega Dio, vuole dimostrare al Dio inesistente che gli uomini mortali sono capaci di concepire un mondo». C'è dunque l'idea di onnipotenza dell'uomo alla base del nuovo avvio di Tlön, l'arroganza tipica della società occidentale industrializzata che ha distrutto il sacro e il senso della misura dell'essere *umani*.

L'idea iniziale di Tlön è recuperata allo scopo di sostituirsi a Dio, e quindi di riuscire a creare una struttura completamente diversa da quella del mondo reale, ep-

[12] J. L. Borges, "Tlön, Uqbar, Orbis Tertius", in *Finzioni*, Einaudi, Torino 1955, p. 79-89.

pure credibile, verosimile, per ingannare altri uomini e dimostrare – a un Dio in cui Buckley non credeva – che anche l'uomo era in grado di inventare un pianeta. E che quindi potesse inventare delle leggi diverse da quelle divine ma ugualmente credibili. Ecco che *Tlön, Uqbar, Orbis Tertius* diventa un racconto sulla presunzione umana.

> La pubblicazione resta segreta: i suoi quaranta volumi dovranno servire di base a un'altra opera più minuziosa, redatta non più in inglese ma in una delle lingue di Tlön. Questa revisione di un mondo illusorio si chiama provvisoriamente Orbis Tertius. Nel 1944 un reporter del quotidiano "The American" (di Nashville, sempre in Tennessee) scovò in una biblioteca di Memphis i quaranta volumi della prima *Encyclopaedia* di Tlön. Ma si discute tuttora sulla natura della scoperta: se sia stata casuale, o se l'abbiano consentita i direttori dell'ancora nebuloso Orbis Tertius. [Questo ritrovamento] ha avuto nella stampa internazionale un'eco infinita. Manuali, antologie, riassunti, versioni letterali, ristampe autorizzate e non autorizzate di quest'opera hanno inondato e continuano a inondare la terra.

Una congrega di persone ha inventato un mondo fittizio, in cui vigono leggi false. Avviene un ritrovamento e gli esseri umani credono all'autenticità della fonte, e iniziano a sostituire le proprie conoscenze con quelle fittizie. Cominciano a credere all'esistenza del pianeta, le scuole adottano l'idioma primitivo (congetturale) di Tlön e l'insegnamento della sua storia armoniosa si sostituisce a quello dell'infanzia di Borges. Le fondamenta delle sue conoscenze, quindi, non sono più valide, tutto è velocemente sostituito dal sapere tlönista, che per Borges è chiaramente falso. Gli altri, invece, ci credono.

> Se le nostre previsioni non errano, tra un centinaio d'anni qualcuno scoprirà i cento volumi della seconda *Encyclopaedia* di Tlön. Allora spariranno dal pianeta l'inglese e il francese e il semplice spagnolo. Il mondo sarà Tlön. Io non me ne curo, io continuo a rivedere, nelle quiete giornate dell'Hotel de Adroguè, un'indecisa traduzione quevediana (che non penso di dare alle stampe) dell'Urn Burial di Browne.

Tlön nasce dal lavoro di un gruppo segreto di persone sulla Terra che decidono di usare la propria immaginazione per creare un pianeta fittizio, per dimostrare di potersi sostituire a Dio. È la storia recente dell'umanità. E ciò che dicono *i Borges* tra le righe è che, se anche noi riuscissimo a sostituirci a Dio (o al caso), faremmo molto peggio di lui, e sarebbe ben poco divertente. La morte di Dio paventata da Nietzsche non deve diventare, in altre parole, la morte della Meraviglia. «Dieci anni fa, bastava una qualunque simmetria con apparenza di ordine – il materialismo dialettico, l'antisemitismo, il nazismo – per mandare in estasi la gente». Stiamo disperatamente cercando di costruire Dio, di capire come nasce la vita, tentando di riprodurla, di controllarla, di atomizzarla. La caratteristica essenziale di questo nuovo Dio *on demand* è «una qualunque simmetria con apparenza di ordine». Un disegno da mostrare.

L'uomo contemporaneo, come già intuiva Leopardi, si trova di fronte a una condizione che odia ma che non può far altro che vivere: il non potersi più stupire perché ha deciso di credere alla storia secondo cui sa già tutto e non c'è poi molto altro da scoprire di *essenziale*. Sì, la medicina avanza, la tecnologia migliora, ma non c'è più nulla da scoprire alla base. C'è solo da edificare, da costruire sul già noto. L'ignoto è sparito, e con esso la meraviglia. Guardandosi intorno, l'essere umano non può più praticare, come faceva un greco antico, il meravigliarsi, perché è convinto di aver asfaltato ogni pezzo di terra interiore. Ma, fortunatamente, si sbaglia.

THINK DEEPER

Borges scrive *Tlön, Uqbar, Orbis Tertius* nel pieno della Seconda guerra mondiale. Ha chiaro che qualsiasi totalitarismo impedisce all'individuo di essere sé stesso, perché ha ansia di simmetria, di riproducibilità, di ordine. «Inutile rispondere che anche la realtà è ordinata. Sarà magari ordinata, la nostra, ma secondo leggi divine – traduco: inumane – che non finiamo mai di scoprire». La nostra realtà è ordinata, ma non attraverso una mano umana. Si tratta di un ordine, se non *sovrumano*, di sicuro *inumano*. E non è un ordine finito ma è un ordine infinito, asimmetrico, incomprensibile.

Per Borges specchi e simmetria sono diabolici perché rappresentano il tentativo umano di vedere un ordine dove non c'è, di escludere possibilità che gettino nel caos e che faccianno perdere il controllo. Ma *escludere* implica sempre il sottrarsi occasioni di meraviglia. È dal disordine, dall'epifania, dall'incastro casuale – e non deciso in laboratorio o previsto da un algoritmo – che nasce il meravigliarsi.

Del resto, una simmetria è sempre una visione parziale. Immaginate un piano diviso in due, come due parti di un foglio. Potreste dire che l'intero piano è simmetrico, diviso perfettamente in due parti identiche, dello stesso colore, che non differiscono in nulla. Una visione del genere potrebbe tranquillizzarvi, suscitarvi l'idea che non ci sia nient'altro sul piano. Dunque serenità, distensione e la presunzione di conoscere tutto ciò che c'è da conoscere.

Ebbene, in tutte le proprie opere Borges suggerisce che una visione di questo genere è sempre parziale e *diabolica*, in senso etimologico. È una visione, cioè, che separa la conoscenza umana da tutto ciò che si può davvero conoscere. Perché un Dio di fronte a quel piano non vedrebbe solo due parti perfettamente divise, ma una miriade di altre dimensioni che all'occhio umano sfuggono. A un livello superiore di conoscenza, quindi di attenzione, un piano di quel genere apparirebbe totalmente diverso. Caratteristica dell'occhio umano è la presunzione di definire i limiti della conoscenza e di crederla vera e incontrovertibile.

Al contrario, è ipotizzabile che ciò che all'uomo non appare simmetrico, bello, buono e giusto e che non sembra rispondere ad alcuna legge, sia invece simmetrico e sensato agli occhi di un Dio. Il punto è sempre la limitatezza della ragione e della visione umane, che dobbiamo sempre tenere presenti. Per questo i racconti di Borges sono evocativi ma, al tempo stesso, spietati e ironici con i lettori: li invitano sempre a ricordarsi dei propri limiti.

L'essere umano semplifica, opera riduzioni perché è incapace di cogliere l'effettiva complessità del reale. S'industria per pensare in grande, quando piuttosto dovrebbe pensare più a fondo: *think deeper*.

GLI IMMORTALI E I LABIRINTI

Si racconta – ed è un falso racconto, proprio come Tlön – che, quando gli Indiani d'America ebbero di fronte per la prima volta le navi dei conquistatori europei non riuscirono a vederle. E non le videro perché non le avevano mai immaginate. Qualcuno racconta che scorsero solo uno strano muoversi delle onde. Ci misero molto tempo prima di riuscire a vedere quel che fino ad allora era per loro inimmaginabile, e non seppero difendersi dall'irruzione dell'invisibile nel visibile. Quando Borges nel racconto *L'immortale* descrive il personaggio di Omero con i tratti di un *troglodita* sta in realtà aiutando il lettore a cambiare la propria visione: a trasformarla da un punto di vista esclamativo a uno interrogativo. Gli immortali appaiono stupidi e rozzi attraverso i criteri con cui noi misuriamo l'intelligenza, secondo i nostri codici e il nostro linguaggio, per i quali essere intelligenti consiste nell'esprimere bene un concetto, nel pensare e parlare bene, articolando un ragionamento.

Borges ci suggerisce che forse stiamo sbagliando tutto, che applicare i nostri parametri per valutare il mondo è una prima esigenza – l'esigenza di trovare soluzioni, di far quadrare i conti, di sopravvivere – che deve sempre essere messa in dubbio per fare spazio alla seconda esigenza, quella di costruire mondi immaginari, di supporre che ogni postulato sia falso, che niente abbia senso e che l'essere preziosi e patetici dipenda dal nostro essere limitati in quanto mortali. Invita a tenere sempre il dubbio come compagno fedele, vivendo in una condizione di costante incertezza. Solo così il mondo può essere sempre fonte di meraviglia.

«Tlön sarà un labirinto, ma è un labirinto ordito dagli uomini, destinato a essere decifrato dagli uomini». Destinato a essere risolto dagli uomini e quindi *superato*. Un labirinto che può essere risolto perché è stato elaborato da una mente limitata, e che quindi richiede una mente limitata per uscirne. La vera meraviglia è al contrario lasciarsi la possibilità di non risolvere un labirinto, smettere di pensare che lo scopo della vita sia uscire dai labirinti quotidiani, costruire prigioni labirintiche da cui poi uscire per provare la soddisfazione di avercela fatta. Ma forse il cammino – che lo si chiami filosofico o spirituale – non consiste nell'uscire dai labirinti ma nel capire se, dietro e dentro, si nasconda un altro labirinto dove perdersi ancora più profondamente. Altrimenti è l'esigenza di trovare soluzioni a guidarci, e non quella di immaginare.

ATTENZIONE AD AMARE

Ci sono molte influenze filosofiche in *Tlön, Uqbar, Orbis Tertius* – Berkeley e Hume, il materialismo, l'idealismo – ma non si può ridurre la narrazione di Tlön a un artificio intellettuale nel quale si allude a teorie che pochi lettori conoscono. È un modo nozionistico di vedere la filosofia che depotenzia il filosofare e il narrare: ha un'importanza relativa riconoscere quale sia l'allusione in un certo brano, ciò che conta davvero è vivere le conseguenze possibili di quella teoria. Tanti filosofi godono della propria sapienza, la prendono sul serio come se fosse totalmente attendibile e inconfutabile, ma Borges non fa che assestare colpi continui a queste false credenze, come se dicesse sempre: «Sappiate che tutto ciò che proviene dall'essere umano è fallace di fondo. E che l'unica cosa che possiamo fare è disporci ad amare».

Disporci, cioè, a capire che ciò che ci aspetta è incommensurabile, e che dunque non puoi permetterti di partire prevenuto. L'amore non conosce prevenzione ma solo *attenzione*.

La nostra cultura associa l'amore all'abbandono e alla perdita di coscienza. Al contrario, l'amore è un esercizio di attenzione costante, il tentativo di mantenere un livello di coscienza superiore. L'amore, inteso come rapporto consapevole con l'Altro, non è abominevole come lo specchio perché non è una riproduzione né la falsificazione di qualcosa. È un riconoscimento tra diversi, è il portare avanti questo riconoscimento e questa diversità. È un esercizio di attenzione. L'amore visto come *abbandono* è puro addormentarsi; al contrario l'amore come esercizio di attenzione – che implica desiderio, spinta, rapporto erotico nel senso di tentativo di raggiungimento di qualcosa che sfugge continuamente – significa entrare in relazione con la conoscenza.

Per questo il Borges solitario alla fine del racconto potrà sembrare colui che è stato sconfitto dall'avanzare del mondo falso di Tlön; e invece sarà l'unico a vivere nell'autenticità, che continuerà ad amare un sapere e un linguaggio che stanno scomparendo. Ecco il filosofo: colui che – anche quando tutto cola a picco, anche quando si sente circondato da complottisti ignoranti e da *fake news* – non smette di coltivare con cura il proprio amore per il noto e per l'ignoto.

Capitolo 5

Il magico potere della filosofia

La magia è, banalmente, l'arte di *modificare la realtà*. Quindi piegare gli avvenimenti ai propri scopi, influenzare il destino, cambiare il corso degli eventi? Non proprio. Il mago è colui che innanzitutto osserva meticolosamente il reale per comprenderne la forma, il senso, le pieghe e le direzioni future. È un *fan* del mondo, ne è una *groupie*: il reale è il suo primo pensiero appena sveglio, l'ultimo prima di addormentarsi e il centro di ogni suo sogno.

E così, ossessionato dal *funzionamento del mondo*, si riscopre innamorato della vita: e se all'inizio intendeva modificare la realtà per raggiungere i propri obiettivi, a forza di osservare il mondo ha finito con l'innamorarsene. Questo "amore" genera una mappa del reale, l'insieme delle "abitudini" che l'amante riconosce all'amato: in che posizione dorme il mondo? Che cibi preferisce? E cosa sogna? Così, sulla base della mappa dell'amore, sorge in lui un nuovo desiderio: modificare sé stesso *in funzione* della realtà.

Attenzione: il mago non si adegua alla civiltà, alla società o, peggio, all'ideologia: il mago si dispone alla realtà, le si *confà*, perché comprende quanto possa essere *egoisticamente soddisfacente* offrirsi al mondo in maniera *totalmente altruistica.* Ogni buon mago – quindi ogni buon filosofo – a un certo punto del proprio percorso si accorge che l'atto più utile che può compiere per sé consiste nel rendersi utile agli altri, nel rendersi *strumento* della realtà. Non c'è nulla che dia più soddisfazione a un ammiratore della realtà che aiutare la realtà a essere sé stessa.

Alcuni maghi hanno bisogno di prendersi in giro: devono raccontarsi la storia secondo la quale hanno imparato a "modificare la realtà attraverso la propria intenzione, facendola aderire ai propri desideri". In altre parole, non riescono a capire che nessuno cambia la realtà più di quanto lo faccia chiunque altro: siamo tutti agenti del cambiamento. È, piuttosto, una questione di qualità: il fantomatico cambiamento accade *malgrado* o *attraverso* te?

Spesso il mago si convince di dover indirizzare l'agire del mondo e si ritrova a faticare come un pazzo per fame di magia, salvo poi ritrovarsi ad aver servito inconsapevolmente uno scopo superiore che ha usato i suoi sforzi *malgrado* il suo intento. Il potere magico, quindi, consiste nella capacità di saper indirizzare la propria volontà in quella del mondo: se questo fosse un teatro, il mago, una volta riconosciute le battute del copione, non cercherebbe disperatamente di inventarsene di nuove e di sfuggire alla drammaturgia, ma giocherebbe a muoversi all'interno delle parole, a indovinare la più celata volontà dell'autore.

Il potere magico è il potere di agire creativamente nel mondo, contribuendo attivamente alla creazione. E la filosofia è l'arte con cui è possibile conoscere, amare e sviluppare questo *magico potere*, riconoscendosi parte di quel lignaggio ideale che ha unito nei millenni tutti coloro che hanno saputo porre la ricerca della verità come propria stella polare.

STORIE E CARNE

Siamo fatti di storie e di carne, e passiamo molto tempo a far finta che non sia così. Fingiamo di non essere composti di sangue, parole e immagini, ma basiamo la nostra civiltà sul racconto reciproco di cose inesistenti che, a forza di essere raccontate, diventano sempre più veritiere. Vi fondiamo le nostre relazioni, i nostri scambi, la nostra istruzione.

La filosofia si è accorta di questo nostro desiderio di incorporeità e ha portato l'attenzione negli ultimi anni sul corpo, sull'abbraccio, sull'incontro con l'Altro: Hannah Arendt, Emmanuel Lévinas, Merleau-Ponty e molti altri hanno piantato il discorso nella carne. Inventiamo storie per sostenere il peso del mondo e creiamo realtà alternative per paura di accorgerci che, in fondo, il mondo è leggero e le sfide più grandi sono ancora invisibili. Riportare le storie al corpo serve a penetrare in profondità nel mondo: se una teoria vuole diventare più grande della realtà sta solo manifestando il terrore di chi l'ha inventata e di chi la sta usando.

Molti ripetono la frase "la mappa non è il territorio" per indicare la differenza tra teoria e realtà. Ma c'è molto di più. Il primo a sostenere che la mappa non è il territorio è stato Alfred Korzybski durante un incontro del 1931 a New Orleans. Con questa affermazione intendeva mostrare la differenza tra un oggetto e la rappresentazione dell'oggetto, tra una realtà e la rappresentazione di quella realtà: era convinto che in molti faticassero a distinguere le due cose. Assieme a questa frase Korzybski ne aggiungeva un'altra: «La parola non è la cosa», che spiega ancora meglio quali siano le conseguenze del farsi carico di questa comprensione. La mappa e la parola hanno strutture simili rispetto al territorio e alla cosa, ma non esauriscono quel che rappresentano.

L'insegnamento più difficile e potente di questa comprensione è però ancora più profondo, e riguarda la sostanziale impossibilità di conoscere pienamente qualsiasi territorio: accecati da mappe incrociate che ci sottopongono miriadi di dati, siamo convinti che questo garantisca la conoscibilità totale del territorio. Ma "innumerevoli aspetti" non è "tutti gli aspetti", e una rappresentazione dettagliatissima della realtà non potrà mai essere la realtà: ogni realtà aumentata a ben vedere sarà sempre una diminuzione di realtà.

«Incantata dal suo rigore, l'umanità dimentica che si tratta d'un rigore di scacchisti, non di angeli», scrive Jorge Luis Borges in *Tlön, Uqbar, Orbis Tertius*. La differenza sostanziale tra gli scacchisti e gli angeli è che i primi sono il risultato di un'elaborazione iper-razionale della realtà, mentre i secondi rappresentano l'azione dell'ignoto, di ciò che supera la comprensione ordinaria. Gli scacchisti si muovono perfettamente all'interno delle logiche ordinarie: creano un mondo rigoroso, quindi rigido, i cui confini sono complessi ma ovvi, geniali ma definiti. Gli scacchisti sono fermi al quinto stadio individuato da Nietzsche nella *Storia di un Errore*: quello *positivista*.

RIGORI E MAGIE

Scriveva Gregory Bateson che il territorio non può mai essere colto nella sua interezza, e che approssimare troppo la mappa al territorio – aumentando la definizione della mappa – è solo un modo per complicare le cose: le mappe (e le parole, piccole cartine geografiche della nostra psiche) servono per muoversi nel reale, ma se sono troppo vaste diventano ingombranti e pericolose. E Paul Valéry espresse così questo pensiero: «Tutto quel che è semplice è falso. Tutto ciò che è complesso è inutilizzabile». Il rigore degli angeli, per tornare a Borges, è di un altro ordine rispetto a quello degli scacchisti.

Il potere magico della filosofia consiste proprio nell'alimentare la voglia e la capacità di decifrare l'incommensurabile ordine della realtà. Il capovolgimento di questo potere, quella che potremmo definire *magia nera*, è la costruzione artificiale di un mondo vasto e minuzioso a cui sottomettersi gioiosi.

LA MAGIA NERA

Attenzione a non inserire nel concetto di magia nera tutto quel retaggio culturale che vede gatti neri, pentoloni e demoni infernali. Secondo una semplificazione grossolana, la magia bianca opera il bene mentre la magia nera ha fini malvagi. Ma bene e male sono concetti troppo vasti, che si prestano a innumerevoli letture e interpretazioni. Piuttosto, mettiamola così: se il potere magico della filosofia è *bianco*, ed è l'arte di accordarsi al mondo, la sua controparte, un potere *nero*, è il magico potere della presunzione. Se, cioè, la filosofia è la ferma consapevolezza di non poter mai essere dentro la conoscenza (*sophia*), e ciò nonostante (o forse proprio per questo) correrle dietro innamorati (*to philein*) e meravigliati, la presunzione – da *pre-sumere*, "pensare di sapere già" – è invece l'illusione di essere già abbastanza: «Io so di sapere», afferma il presuntuoso.

La magia nera è il processo con cui, rinunciando alla meraviglia, mettiamo al potere i nostri conflitti irrisolti e pretendiamo per noi quello che non porterà uno sviluppo armonico, ma un aumento del nostro *valore*. Vogliamo aumentare la *considerazione* che gli altri hanno di noi, e affinché questo accada siamo disposti a *potenziare* quelle parti che possono far lievitare il nostro *prezzo*: ma questo implica l'essersi messi in vendita, la trasformazione di sé in *merce*.

ADATTARSI

Il potere magico della filosofia ha piuttosto a che fare con l'*adattarsi*. Anche qui, bisogna spolverare le parole dal valore che istintivamente diamo loro: siamo soliti pensare a un individuo che si adatta come a una persona debole, che scende a compromessi perché non ha la forza di imporre la propria visione. Il fatto è che non c'è proprio niente da imporre: il filosofo si adatta alla realtà perché il suo scopo è *ad-aptare*, ossia "seguire l'azione del mondo", l'inarrestabile danza i cui passi mutano costantemente.

E se il presuntuoso, dopo aver assistito a un paio di minuti di danza della realtà, si convince di avere già appreso a sufficienza, il filosofo ha visto in quella stessa manciata di minuti l'eterna mutazione della splendida coreografia, e ha percepito il proprio enorme desiderio di danzare. Osserva il proprio livello di consapevolezza per comprendere in che modo può accordarsi meglio al mondo; il presuntuoso, al contrario, osserva il mondo al solo scopo di aumentare il proprio valore. Il filosofo accetta di farsi *portare* dal mondo: il presuntuoso si convince di poter guidare il mondo, e così facendo smette di danzare e comincia a marciare.

Diventiamo presuntuosi nel momento in cui, pur di non affrontare i nostri traumi, li mettiamo al comando: rinunciamo così alle nostre potenzialità sconosciute e restiamo attaccati al dolore che conosciamo fin troppo bene. Così facendo creiamo un mondo troppo umano, la cui mappa è grande come il territorio. Somiglia molto a quel che facciamo ogni giorno, ad esempio quando partiamo per un viaggio: sovrapponiamo i nostri navigatori GPS che ci mostrano le strade e il traffico nel dettaglio con le previsioni del tempo, le foto e i video dei luoghi che visitiamo. Questo bisogno di utilizzare mappe sempre più ricche e dettagliate nasconde il tentativo di costruire un altro mondo dentro cui vorremmo trasferirci per soffrire meno. C'è una parte di noi che non si è accorta del «Platone rosso di vergogna» di cui parlava Nietzsche, e continua a desiderare un Altrove in cui traslocare.

Avendo disimparato a vivere pienamente la fisicità (il potere del corpo) e il pensiero (il potere della narrazione), ci siamo convinti che questo mondo non sia poi così prezioso e interessante. Ma, così facendo, evapora la meraviglia.

LA RISPOSTA ESTETICA

Uno degli effetti principali dell'evaporazione della meraviglia, della sua apparente sparizione, è la corsa al successo, all'accumulo inutile di oggetti, attestati e vittorie. Crediamo alle storie motivazionali che spingono all'eccellenza. Opinione comune è, infatti, che il successo sia una scalata verso l'alto, che si proceda di successo in successo, di vittoria in vittoria, diventando sempre più forti e potenti. Non è un'idea propria solo dei manager, ma di tutti noi che siamo stati educati a vedere la storia personale e quella collettiva come una progressione in linea retta. Eppure la parola è chiara: *successo* è il participio passato di succedere, e indica semplicemente quel che accade dopo un'azione: quel che, appunto, succede. Di più: il termine "succedere" è composto da *sur*, sotto, dietro, e *cedere*, andare, muoversi. Il successo consiste nel mettersi dopo gli altri, nel saper riconoscere la bellezza di chi ci precede e di chi ci sta accanto: in questo senso va intesa l'idea di successione al trono, ad esempio.

> Sono fermamente convinto che se i cittadini si rendessero conto della loro fame di bellezza, ci sarebbe ribellione per le strade. Non è stata forse l'estetica ad abbattere il Muro di Berlino e ad aprire la Cina? Non il consumismo e i gadget dell'Occidente, come ci viene raccontato, ma la musica, il colore, la moda, le scarpe, le stoffe, i film, il

ballo, le parole delle canzoni, la forma delle automobili. La risposta estetica conduce all'azione politica, diventa azione politica, è azione politica.[13]

Così scriveva James Hillman, spiegando come arginare il vero nemico dell'Occidente: non l'Isis, non l'islam, non il cristianesimo, non i "poteri forti" ma la bruttezza, la banalità, la tristezza, il disimpegno politico. E i nostri strumenti non sono la guerra, i divieti, il disprezzo, la repressione, ma la bellezza, l'audacia, il coraggio, l'arte. Perché l'anima si nutre dei nostri atti eroici di bellezza. Il successo che rincorriamo, invece, è figlio della presunzione, della contrapposizione, dell'adesione a uno schema piatto e svilente che divide chi nella società ha vinto da chi ha perso. Non consiste, quindi, nello svettare davanti agli avversari, né nel riconoscimento pubblico. Un uomo di successo non è chi ha quello che desidera la massa, ma chi ha imparato a far succedere le cose, defilandosi quando necessario.

IL POTERE DELL'ASSENZA

Viviamo nell'epoca dell'iper-presente e abbiamo dimenticato il magico potere dell'assenza. Mettersi da parte è, infatti, il modo migliore per lasciare che il mondo si generi e poter così godere degli spazi vuoti che nascono nonostante tutti i nostri sforzi. La nostra società ha cavalcato i grandi insegnamenti filosofici relativi all'*hic*

[13] J. Hillman, *Politica della bellezza*, Moretti & Vitali, Bergamo 2002, p. 105.

et nunc, al qui e ora, e li ha deviati per costringerci al consumo costante.

Essere sempre *presenti* significa, in questa visione presuntuosa, aver occupato tutte le caselle a nostra disposizione con il *già noto*. Al contrario, l'*hic et nunc* nasce dall'esigenza di svuotare le caselle dal noto, lasciando che sia l'ignoto a fecondarle. Presente, da *prae sum*, indica ciò che si pone davanti. Assente, da *ab sum*, si riferisce a ciò che *non* si pone davanti. È il participio passato di *abesse*, che significa "essere lontano". Essere assenti non significa essere inesistenti: implica piuttosto il trovarsi altrove. In una società che obbliga alla presenza, essere assenti è un atto rivoluzionario. La domanda che si apre, di conseguenza, è: siamo spinti a essere presenti *a cosa*? Al nostro mondo emotivo, all'altro, all'empatia?

LA VERITÀ DELLE PAROLE

Uno dei modi principali per imparare a farsi da parte consiste nel *non lasciarsi parlare*. *Siamo parlati* tutte quelle volte in cui lasciamo che le frasi fatte e le parole vuote governino il nostro linguaggio, quando non siamo noi a esprimerci e a dare dignità alle parole. Riempiamo quello spazio con enormi blocchi di senso pre-impostato, che oltre a inibire il nostro pensiero depotenziano i concetti, mandando all'aria la verità delle parole: decade l'etimologia, dal greco *έτιμος λόγος* (*etymos logos*), letteralmente il "discorso sulla verità delle parole".

Non si tratta, quindi, solo della biografia di una parola: non è esclusivamente la narrazione della sua genesi, del suo concepimento, della sua infanzia e in generale della sua esistenza. L'etimologia deve indagare soprattutto l'essenza della parola, che prescinde dal tempo e ha invece a che fare con il *motivo* per cui quella parola è ancora nel mondo. Per conoscere una parola non basta conoscerne la storia, quindi, ma è necessario entrarci profondamente in relazione.

A un presuntuoso basta sapere che *filosofia* significa amore per la conoscenza; a un filosofo no. Emily Dickinson in una lettera scriveva: «Non conosco nulla al mondo che abbia tanto potere quanto la parola. A volte ne scrivo una, e la guardo, fino a quando non comincia a splendere». Bisogna lasciare splendere le parole, non obbligarle a essere soltanto la loro storia, né quel che di loro si è sempre saputo. Ma abbiamo paura di metterci in difficoltà, di pesare e selezionare le parole, così da provare a dire qualcosa che ci faccia stupire di quel che abbiamo detto: più il nostro linguaggio è uniformato al "si dice" e al "si pensa", meno possibilità abbiamo di superarci.

ESSERE DI PIÙ?

Il presuntuoso vive nell'ansia costante del potenziamento: cerca, cioè, esperienze che lo rendano "di più", che lo espandano, che non lo mettano mai in discussione. Il presuntuoso non vuole mai rischiare di scoprirsi diverso: prosegue sempre la stessa narrazione di sé, ben attento a non entrare in contatto con esperienze e comprensioni che lo possano modificare radicalmente.

Questa dinamica si è manifestata persino nella traduzione in italiano del termine *Übermensch*, cui associamo la filosofia di Nietzsche: il suo *Übermensch* è stato tradotto con "superuomo" e molti lettori italiani hanno male interpretato il termine. L'*über*, il super, non si riferisce a una versione potenziata dell'essere umano; il superuomo non è un uomo "più forte" o "più grande". Non è neanche il grande uomo, l'*uomissimo*: è invece quel che viene dopo l'uomo, che lo supera. È l'uomo trasformato e, quindi, non più l'uomo, non più quel che siamo ora.

PRESUNZIONE E VANITÀ

Non bisogna però confondere il presuntuoso con il vanitoso: siamo abituati a pensare che essere vanitosi sia una brutta cosa, che sia necessario svilirsi un po', alleggerirsi, non darsi troppa importanza. Tutto in fondo è vano e, come recita l'*Ecclesiaste*, tutto è vanità e un inseguire il vento. Ma il tentativo millenario di distruggere la vanità non è riuscito, e al suo fianco non è nata una pratica di vita sana e equilibrata ma, al contrario, la patologia più caratterizzante del nostro tempo: il narcisismo, il picco massimo della presunzione.

Vanità e narcisismo, infatti, non sono sinonimi: il narcisista conosce soltanto la propria bellezza ed è incapace di portarla nel mondo, mentre il vanitoso non è chiuso in sé stesso. Al contrario, l'immagine che ha di sé riempie e a volte supera i limiti del proprio universo. Ed è un bene: quell'universo a cui fa riferimento è davvero stretto, davvero piccolo, e lui è davvero di più, più esteso del luogo che lo ospita, anche se è vanitoso per le ragioni sbagliate, ossia estetiche, sociali o culturali. La vanità è una chiave straordinaria per rendersi conto che la vita è molto più vasta di quel che ci hanno detto. Scriveva Nietzsche: «La vanità è la paura di apparire originali; perciò è una mancanza di fierezza, ma non necessariamente di originalità».

Dietro un vanitoso, cioè, può nascondersi un originale non fiero di sé, che ha paura di abitare l'immensità degli spazi creati dal suo essere originale. E l'originalità è l'inizio di ogni filosofia: è la voglia di diventare una fonte di bellezza, un fiero rappresentante della sempre cangiante meraviglia. Il termine usato da Nietzsche per indicare la fierezza è *Stolz*, erroneamente tradotto in italiano con "superbia". *Stolz* indica sì l'arrogante, ma anche l'impressionante, l'eccezionale, il grande, il potente. *Stolz* è chi si è accorto dei limiti del proprio spazio ma ne ha già visto dietro un altro, molto più interessante e vasto, e gli va incontro. *Stolz* è, infine, chi ha capito che tra Essere e Avere non bisogna scegliere.

ESSERE E AVERE

Tanti pensano che l'Avere sia una brutta cosa: associano il termine al possesso e lo contrappongono all'essere. Il fatto è che non abbiamo dimestichezza con il significato più profondo dell'Avere: dalla radice sanscrita *sah-ê*, indica il portare, il sostenere. Io ho quel che porto nel mondo, e ne sono responsabile. Avere è sancire l'essere del mondo, è la chiave del *fare*. «Siamo realisti, esigiamo l'impossibile», affermava Ernesto Che Guevara. O, almeno, così ci hanno sempre detto, e così campeggia da decenni su magliette e gadget. Eppure il rivoluzionario argentino ha sì parlato di realismo e di impossibile, ma con quella frase non ha mai invitato a esigere. A esigere, infatti, è pur sempre il suddito, il consumatore, colui che chiede all'autorità che gli venga dato qualcosa. A esigere, in altre parole, è il presuntuoso: lavoro, valgo, pago, esigo. Il Che ha detto, in realtà, «Seamos realistas y hagamos lo imposible», e cioè «Siamo realisti e *facciamo* l'impossibile». E tra esigere e fare c'è tutta la differenza del mondo.

ESIGERE E FARE

Chi *esige* non fa altro che sancire i limiti del mondo limitato; ne riconosce i capi e i valori e ne accetta i contorni. Chi *fa*, invece, si spinge oltre, trasvaluta i valori, disconosce il ruolo normativo del potere e accetta la chiamata del futuro. In una parola, osa. *Memento audere semper*, "Ricorda di osare sempre", è la tracotante massima di Gabriele D'Annunzio. Ma *osare* è una bella parola: viene dalla radice *au-* di *audere*, appunto, che ha un doppio significato: inizialmente indicava il tendere verso qualcosa, e in seguito il proteggere, il correre in aiuto. Quando osi, ti stai spingendo verso quello che sarai nel futuro. E, dal futuro, stai chiedendo una mano a quel che sei ora: «Per favore, diventa questa possibilità che io sono».

Per rendere possibile questo passaggio, per far avverare questa auto-profezia è fondamentale sviluppare un'educazione emozionale che impieghi il magico potere della filosofia su tutto ciò che siamo soliti connotare negativamente: in primis le cosiddette *emozioni negative*.

POSITIVO E NEGATIVO

La letteratura *self help* invita spesso a non esprimere le emozioni negative e a non lasciar emergere i pensieri negativi: "Pensa positivo, crea la tua realtà eliminando il negativo" è l'insegnamento standard attraverso cui, insieme al *negativo*, perdiamo contatto anche con il positivo. Rinunciando alle emozioni negative eliminiamo anche le altre, perché la differenziazione è del tutto arbitraria.

La rabbia, in certi casi, può essere molto più positiva della gioia, e il disgusto più della speranza. Non esiste davvero un'emozione negativa: esistono soltanto emozioni. Costretti alla felicità, siamo vincolati alla produzione: felice, dal verbo greco *phyo*, significa infatti "fecondo", "produttivo".

Ma la nostra è una felicità intensiva, d'allevamento, i cui frutti troppo grandi e numerosi piegano l'albero che siamo sotto il peso della paura di vivere. In questa massificazione della felicità, in quest'obbligo all'abbondanza soltanto la tristezza può salvarci: l'inquinamento luminoso della nostra fame chimica di conoscenza ci impedisce di guardare dritti alle nostre stelle polari. La parola "tristezza" (dal sanscrito *trsta*, "oscuro", "torbido") racconta quel ritorno all'oscurità che è il solo a permettere una chiara visione del cielo.

Capitolo 6
Come farla finita

IL LATO OSCURO DELLA FORZA

«Trovare che tutto è privo di fondamento e non farla finita non è un'incoerenza: spinta all'estremo, la percezione del vuoto coincide con la percezione del tutto, con l'ingresso nel tutto. Si comincia finalmente a vedere, non si va più a tentoni, si è più sicuri, più forti. Se c'è una possibilità di salvezza fuori dalla fede, si deve cercarla nella facoltà di arricchirsi al contatto con l'irrealtà», scriveva Emil Cioran ne *Il funesto demiurgo*.

La vita non è per tutti, nonostante le apparenze. La vita è tremenda e divertentissima, di un'ironia spaventosa. E però richiede attenzione e un'enorme disposizione a offrirsi al mondo, così da aprire un varco verso una nuova meraviglia. Con Montale, Borges e Nietzsche abbiamo imparato a partire dal riconoscimento del vuoto e del nulla, ad amare il caos primigenio ed oscuro da cui è nato quell'astro danzante che siamo. Uno dei grandi problemi della spiritualità e della filosofia contemporanee è proprio l'assenza di questo radicamento nel lato oscuro. Che, di nuovo, non riguarda riti vudù, strani esorcismi e affari discutibili. Per *lato oscuro* intendiamo il *dark side* del mondo, la nostra parte inattingibile, l'accettazione del fatto che ogni volta che postuliamo l'esistenza di un al di là stiamo accettando di credere a una *storia*.

FERITE

Narrare è sempre narrare le ferite. Ogni rappresentazione è una scarnificazione, una desquamazione, una muta. «Un libro dev'essere un pericolo. Un libro deve provocare le ferite. Di più, deve frugarci dentro, deve espanderle e guardare che c'è dentro», scriveva ancora Cioran. E tutto questo è profondamente discordante con quel che afferma la maggior parte della contemporaneità, a cui manca la comprensione di quanto sia funesto il Demiurgo, ossessionata com'è dalla sua straordinaria bontà.

Non sa accettare, cioè, che la storia che ci raccontiamo su Dio sia in fondo la storia di un Dio che è insieme luce e ombra. Questa presenza simultanea degli opposti, il fatto che quando c'è l'alto possa e debba esserci anche il basso, o che vita e morte non siano due momenti separati è per noi paradossale *e quindi* inimmaginabile. Un tempo però era la condizione essenziale per il funzionamento della macchina del moto perpetuo di meraviglia. Recita il frammento 67 di Eraclito: «Il dio è giorno e notte, inverno ed estate, guerra e pace, sazietà e fame. E muta come il fuoco quando si mischia ai fumi odorosi, prendendo di volta in volta il loro aroma». Una macchina, cioè, dove il dio mescolava, unificava gli opposti al di là del principio di identità e di non contraddizione, e l'uomo imitava il dio come poteva, e non credeva che *qualcosa* potesse essere soltanto quella cosa. E questa compresenza ha trovato spazio nelle menti umane fino a che Socrate e Platone non hanno compiuto un atto rivoluzionario – straordinario quanto pericoloso – creando la *ragione*, in grado di dividere il giusto dallo sbagliato e di impedire la con-fusione dei poli.

Per noi, oggi, è imprescindibile quella disgiunzione.

AL SICURO DAL SICURO

La società contemporanea è, infatti, il frutto di un tentativo durato millenni di eliminare l'ossessione del pericolo e il rischio di essere vivi. Se per l'uomo preistorico era impossibile non sapere che la distruzione *totale* poteva nascondersi dietro ogni angolo, nel corso del tempo i processi di normalizzazione hanno costruito quella fenomenale barriera percettiva che oggi è finalmente in grado di farci sentire, come individui e come specie, (quasi) *sempre al sicuro.* Sappiamo di poter morire travolti da un'auto o a causa di una fuga di gas, ma non ci terrorizza più il semplice fatto di *essere al mondo*. Anche il meccanismo del consumo compulsivo ha in fondo lo scopo di generare una sensazione diffusa di intoccabilità: l'accumulo del capitale e lo sfruttamento finalizzato al profitto sono tentativi di confermare l'imperturbabilità quantomeno di un pezzo del creato. Non è più obbligatorio per tutti imparare a gestire il terrore e riconoscere l'insensato viaggio nell'ignoto che compiamo quotidianamente senza scopo e direzione apparenti.

Oggi abbiamo il *diritto* di non avere forza e voglia di sopportare tutto questo, e possiamo convincerci in massa della stabilità e dell'immutabilità del circostante. Il terrorismo e le catastrofi naturali costringono invece a ricordarsi l'impossibilità di sfuggire dall'urlo belluino di Dioniso che, come scriveva Giorgio Colli, è insieme «vita e morte, gioia e dolore, estasi e spasimo, benevolenza e crudeltà, cacciatore e preda, toro e agnello, maschio e femmina». Il dionisiaco obbliga a riconsiderare il principio di non contraddizione su cui abbiamo impostato la nostra civiltà, e con esso la tirannia della ragione: Dioniso è il dio degli opposti, del darsi insieme, di quella contraddizione che la ragione non può contenere.

LA PREGHIERA DI NON CONTRADDIZIONE

«È impossibile che una stessa cosa sia e non sia allo stesso tempo», cioè il principio di non contraddizione enunciato da Aristotele non è a ben vedere un principio, ma una preghiera, che se parafrasata recita più o meno così: «Dio mio, fa sì che io, voltandomi, ritrovi ancora lo stesso mondo nello stesso posto. Fa sì che io resti ciò che sono durante il sonno, e possa risvegliarmi uguale a prima». Ed è lo stesso per il principio di identità (A è A e non può essere non-A) e il principio del terzo escluso (A o è B o non è B): «Dio mio, lascia il mondo così com'è. Lascia che io lo governi attraverso le differenze tra le cose, e fa che io non sia in balìa delle somiglianze. Lascio a te l'indifferenziato ma tu cedimi l'incontaminato. Amen».

Una cosa può essere soltanto sé stessa: è questo il principio di non contraddizione su cui basiamo le nostre esistenze. Se guardo due volte nello stesso punto troverò due volte lo stesso mondo. Se uso un oggetto che chiamo *ombrello* questo resterà sempre un ombrello, e non sarà mai un bastone o una mazza da gioco. Ogni cosa può essere solo sé stessa e nient'altro, perché il mondo non deve sparire. Il pericolo deve essere messo a tacere.

Per Eraclito, invece, il dio era luce e insieme ombra. Per i Greci, Zeus era colui che lanciava i fulmini e al contempo piagnucolava. Dioniso era il tenerissimo e il terribile. E noi non siamo più abituati a compenetrare gli opposti; e pensiamo che sia tutto luce, e che dentro la luce – ben sorvegliata – sia imprigionata l'ombra, quel male costretto a servire il bene. E abbiamo paura di pensare che dentro l'ombra ci possa essere la luce – circondata e costretta – e che questi due scenari coesistano contemporaneamente.

Includere l'oscuro nella luce senza includere la luce nell'oscuro è solo un modo per avere meno paura. Ma dobbiamo far fronte alla paura se vogliamo accogliere l'inconveniente dell'essere nati, e il fatto che non sono né la vita né la morte il problema, ma la nascita. Con Cioran, Giobbe, stoici, presocratici e profeti, il vero problema è l'essere venuti al mondo senza scopo, richiesta e soluzione. Senza sapere, cioè, perché si è qui, senza averlo chiesto e senza poter intravedere vie di redenzione. Il grandioso problema che può lanciarci verso la nuova meraviglia è tutto qui. È un paradosso, ma è la base su cui poggiare la nostra rampa di lancio.

Non è per tutti l'accorgersi di quell'inconveniente, ma quelli che se ne accorgono, per sfida alla vita, sanno di essere costretti a vivere più degli altri. Il celebre *koan* di Linji che dice «Se incontri un Buddha uccidilo» non significa semplicemente "se incontri una persona che ne sa più di te, stai attento: potrebbe influenzarti terribilmente, quindi prescindi dalla sua autorità". Al contrario, se hai incontrato il Buddha è perché ti sei messo alla ricerca del Buddha mentre lui cercava te. E quando ti unisci al Buddha, e ti arriva quella ventata di completezza e di unità, devi stare in guardia. Perché il viaggio non somiglia quasi mai a una stasi o a una quiete, ma a un abbandono e a uno strappo. La completezza non è l'ultima tappa, ma soltanto un passaggio che bisogna saper abbandonare. E questo abbandono non nasce dalla visione di un lontano porto ancora più sicuro, di una terra promessa ancora più fertile. Non è l'avanzata a contraddistinguere la genesi della nuova meraviglia, ma la ritirata.

Per vivere completamente questa esperienza conoscitiva bisogna imparare a voltare le spalle alle promesse di quiete, alle sirene delle felicità a portata di mano, al miglioramento perenne; perché è solo nella rinuncia alle verità che è possibile esercitare il dubbio. Soltanto come *outsider* è possibile privilegiare il frammento anziché il sistema e barattare il *miglioramento* con la *trasformazione*. Ma cos'è che va messo realmente in dubbio? Tutto ciò che è a fondamento del nostro modo di conoscere e credere. Bisogna liberarsi dall'idea di produzione costante, dalla smania di giudicare la propria identità dalla propria creazione, e permettersi di accogliere l'incoerenza dell'esistere.

La ragione messa in campo da Platone è stato il tentativo di eliminare il rischio e quindi di costringere alla coerenza. Oggi siamo tutti costretti alla coerenza dei nostri discorsi e quando scriviamo qualcosa siamo obbligati a far tornare i conti, a farli quadrare. Il pensiero, da *pensum*, indica la materia prima, non lavorata, che per i latini si riferiva a una determinata quantità di lana pesata che veniva data alle filatrici: il pensiero è quella lana ancora grezza, piena di tutto ma impossibile da indossare. Le filatrici dovevano sgrezzare questa lana, affinarla, lavorarla: questo è esattamente il processo della ragione.

La ragione è una facoltà con cui si esercita il pensiero, lo si "raffina". Ragione viene da *ratus*, participio passato di *reri*, "fissare", "stabilire". Ragioniamo quando ci muoviamo dentro un campo i cui confini e strade sono stati impostati proprio per permetterci di comunicare e conoscere, sezionando la realtà. La ragione è un fuso in grado di affinare la nostra lana, ma non l'unico possibile. E, soprattutto, è un fuso manipolabile: chi lo conosce può modificarlo per scegliere quali fili far passare e quali no. La ragione può essere uno strumento di conoscenza ma anche di occultamento del mondo.

È il mezzo più efficiente che abbiamo a disposizione e non va né svilito né esaltato: al contrario, va padroneggiato, così da comprendere quando sia il caso di ritornare alla lana grezza, evitando di perdersi i fili migliori. Senza mai dimenticarsi che il fine della filosofia non è la ragione, ma la libertà: «La filosofia deve aprire le finestre della libertà, le porte della libertà, deve fondare la libertà. Una filosofia che non fonda la libertà è un letto di Procuste, una ghigliottina», scriveva Cornelio Fabro. Siamo vincolati, nella stessa pagina, a non inserire due proposizioni contraddittorie, pena la validità di tutto il testo. Come se la sovrabbondanza di senso fosse un limite, un difetto, e non una ricchezza.

Ciò accade perché per noi esiste un'equivalenza tra *contraddizione* ed *errore*. Siamo abituati a pensare in una maniera funzionale al mantenimento del nostro ordine esterno e interno, perché abbiamo una paura fottuta dell'azione di quello *sconosciuto* che ancora oggi chiamiamo "dèi". Non dèi intesi come entità enormi che a mo' di burattinai manipolano *dall'alto*, ma istanze interiori che ci muovono e ci guidano *da dentro*. E per paura dell'azione di questi archetipi abbiamo costruito una prigione dentro cui ci siamo installati, e dove ci sentiamo al sicuro. E da lì non ci muoviamo più, e impediamo a qualsiasi cosa di accedervi; e viviamo in questo terrore costante che qualcosa acceda, e accada.

È rischioso abbattere completamente la barriera della ragione, quella prigione che ci mette in salvo dall'ignoto; soltanto attraverso l'uso consapevole del pensiero, ciò a cui Platone si riferisce quando parla del *νοῦς* (*noùs*), possiamo viaggiare di idea in idea, limitando (seppur parzialmente) il rischio di venire disintegrati dall'informe. Di nuovo, non è una via per tutti. Abituati alla meraviglia sintetica, non riusciamo ad accettare che *sragionando* con attenzione si possa godere la vita in maniera ben più profonda rispetto a chi oggi promuove la legge di attrazione.

Cioran, ad esempio, per molti anni non dormì quasi mai; e la notte, disperato, si rotolava nel letto e urlava. Non erano utili i farmaci per l'insonnia o altri tentativi di stordimento; la sola pratica che funzionava per attutire il dolore era scrivere. La scrittura era l'unico atto che gli consentisse di non morire: l'unico modo di depotenziare il dolore del mondo è la narrazione di quello stesso dolore. E il dolore di Cioran non era soltanto il suo dolore, ma il dolore del mondo, appunto, qualcosa di molto simile a quello che Mère raccontò a Satprem all'interno dell'*Agenda*, il resoconto dell'esperienza di discesa nella carne della compagna di viaggio di Sri Aurobindo, uno dei filosofi e mistici più importanti del Novecento, definito da Aldous Huxley «il Platone delle generazioni future». Questa discesa nel dolore del mondo è un atto d'amore, uno straordinario gesto d'egoismo altruistico.

ANNIENTAMENTI

Cos'è che porta un uomo a vivere senza mai morire, durante la notte? In fondo, il sonno è un esercizio di morte, la prova generale dell'ultimo grande show. È un piccolo antipasto di sparizione, di eliminazione della propria identità. Ciò che accade è che ogni notte è un'avventura. Non il sognare, non l'accedere al mondo onirico, come sarebbe facile pensare. No, la grande avventura è l'addormentamento. È l'istante prima di scendere nel sonno. Ogni volta che un umano si addormenta sta accettando il fatto che potrebbe non svegliarsi. Ogni sonno è un atto di fede compiuto verso il corpo che dice:

"Io non ce la faccio più, per favore abbandonati". Ecco, capire che la vita è un esercitarsi gioiosamente al morire, e che il senso della vita è la morte, è tremendo. Ma porta dritto alla meraviglia.

È chiaro che questo esercizio filosofico di annientamento ha bisogno di rigore e disciplina. La filosofia è fatta di gesti simbolici e di atti concreti scanditi con ritmo e armonia. Del resto, la storia della filosofia a un certo punto si è separata dalla storia della spiritualità, ma hanno convissuto a lungo insieme. E tanto lo spirito quanto il pensiero trovano la loro rappresentazione nella composizione musicale, nella magia criptata di ogni partitura in cui perfino il silenzio ha un simbolo che ne scandisce la profondità.

Eppure oggi fuggiamo dal silenzio e dalla morte che ne è l'esecutrice: continuiamo a imbellettare i nostri defunti, a rifiutare il morire, a creare una società che costantemente mostra e al contempo nega la normalità della morte. Viviamo assistendo a venti, trenta omicidi al giorno attraverso film, telegiornali o romanzi fantasy. *Si muore* costantemente. «Vivere non è difficile potendo poi rinascere», cantava Franco Battiato. Ma, a ben vedere, vivere è ancora meno difficile potendo poi risorgere: la prospettiva del Paradiso ci aiuta a star tranquilli e a fare i bravi bambini, in attesa del premio futuro.

C'è da chiedersi se questa rimozione della difficoltà sia davvero funzionale al nostro essere umani. Perché non abbiamo sempre vissuto con l'idea di un aldilà surgelato, in attesa di farsi scaldare al microonde da tutti: Omero, quando si riferiva all'anima che fuoriusciva dal corpo in punto di morte, non ne vedeva una futura riconversione. Il greco, salvo rarissime eccezioni, quando moriva, moriva. L'aldilà era un posto triste e disperante, in cui questo nulla inconsistente che era rimasto dell'umano non faceva che vagare immerso nella malinconia.

È per questo che Platone ha riformato il mito. Perché per lui Omero non contribuiva alla creazione di uomini abbastanza forti; e cioè creava individui sprovvisti dell'idea di fare il bene. Ha così delineato la grande visione di una mitologia positiva, che obbligava le persone ad agire per il bene in vista di un premio o di una punizione nell'oltretomba; idea che verrà poi ripresa dal cristianesimo di San Paolo.

Siamo tutti debitori di Platone, così come siamo tutti debitori di Cristo. Entrambi però hanno creato un mondo dove vivere sicuri *ma* non liberi. E hanno instillato nell'essere umano il desiderio dell'aldilà non solo attraverso l'intuizione di un mondo superiore, ma anche come strumento di controllo. E questa, seppur dolorosa, è la classica funzione di dominio di ogni macchina mitologica. Il mito nasconde sempre una volontà di esercitare il potere e di indirizzare le masse. I dieci comandamenti, al di là dei significati esoterici, servivano principalmente a tenere buoni i membri delle tribù che avevano un bisogno vitale di alcune regole di massima: non uccidersi tra loro, non derubarsi, non violarsi. Servivano, in altre parole, a delineare la punteggiatura di una civiltà, a sancirne i confini e i modi della relazione.

C'è un'enorme differenza, diceva Luciano De Crescenzo, tra gli uomini a punto interrogativo e gli uomini a punto esclamativo. Gli uomini a punto interrogativo sono quelli che vivono per domandarsi le cose, per sollevare dubbi, e cioè per tirare su. Gli uomini a punto esclamativo sono quelli che vivono per coprire, per abbassare il livello del discorso, per eliminare il dolore del dubbio; per tirare giù.

Se hai appreso l'arte di avere dubbi non puoi più smettere, perché dubitare crea dipendenza. Una dipendenza sana, che non ha nulla a che vedere con l'infelicità. Il fatto è che noi associamo l'infelicità alla vuotezza, e non riusciamo a capire che una vita felice è una vita in cui è presente anche l'infelicità. È il farti delle domande, cioè avere un limite da superare, che ti fa sentire in movimento e veramente vivo. Il dubbio è l'anticamera della trasformazione: accogliere il dubbio come compagno di viaggio significa disporsi a essere completamente diversi da un istante all'altro. Se dubiti, sai di essere perennemente in pericolo. E lo accetti. E così apprendi, e ti trasformi.

Il bruco è letteralmente in pericolo di diventare farfalla. *Farà posto* alla farfalla: perché il bruco è bruco e la farfalla è farfalla. Bisogna avere il coraggio di essere talmente pericolosi da non dimenticarsi mai che ogni trasformazione porta tanta morte quanta rinascita: più sei disposto a morire, meno resterà di te. Meno resterà di te, più potrai diventare. Non sarà più il bruco a dover capire come sforzarsi per diventare farfalla. E la percezione del nulla è la chiave che permette di vedere il circolo vizioso dei bruchi che anelano a diventare millepiedi, quando invece potrebbero trasformarsi in farfalle. È il fastidio dell'enorme fatica compiuta per far spuntare qualche zampetta in più, quando invece si potrebbero lasciar venire fuori le ali.

TUTTO L'AMORE, VI PREGO, SULLA VERITÀ

La chiave per compiere un percorso sano è la capacità di riuscire a vivere nell'amore come àncora di salvataggio per l'esistenza. L'amore come "per favore, osiamo insieme essere qui, nonostante tutto". E allora la terra trema, di fronte a due che accettano insieme la sfida.

Di fronte a un individuo solo il mondo ha gioco facile. Ma in due la sfida non è più impari, perché uno veglia sull'altro. Solo così può nascere un nuovo rapporto con l'ignoto, al di fuori dei preconcetti e delle strade già asfaltate. A quel punto si costringerà Dio a esistere, perché con qualcuno bisognerà pur prendersela.

Quest'idea che il legame con Dio debba essere cadenzato da un rapporto tranquillo è costantemente smentita dai mistici di ogni epoca. Spesso la rabbia è più vicina al divino della quiete. E quando immaginiamo l'arcinota notte oscura dell'anima, pensiamo a un tunnel alla fine del quale si intravede la luce. Ma la notte è oscura proprio perché la luce non c'è, neanche quella d'emergenza. È tutto completamente buio: non c'è speranza. Quell'oscurità totale aiuta a rendersi conto dei limiti della conoscenza e a non dimenticarsi mai della propria condizione. Spesso chiamiamo rabbia la potenza espressa da un essere umano quando intravede l'assenza di senso del mondo. Questa potenza è a tutti gli effetti un superpotere che non sappiamo di avere, né sappiamo utilizzare.

ALTRI SUPERPOTERI

Un giorno Satprem andò da Mère, e le chiese perché lui non avesse i superpoteri. «Perché qui ad Auroville tutti quanti vedono i santi e fanno i fuochi d'artificio, tranne me? E in più sono l'unico a soffrire fisicamente la mia meditazione. Eppure io sono il tuo allievo più vicino, son quello che passa più tempo con te». «Perché i superpoteri», rispose lei, «sono per chi ancora deve essere convinto che la strada in cui si trova sia quella giusta».

Se hai bisogno dei segni nel mondo, dei cuoricini che ti appaiono da tutte le parti, è perché non sei abbastanza coraggioso, spietato e lucido per accettare che il mondo stesso è il grande segnale. E a quel punto sarà tutto un manifestarsi di segni, cuori, indicazioni. Ma saranno conferme di qualcosa che sai già. Il fatto è che siamo soliti definire *nichilista* chi è talmente coraggioso da sembrare senza cuore. *Coraggio* significa proprio l'agire del cuore, ma una letteratura melensa e sbiadita ci ha spinto ad associare al cuore il sogno incantato dell'inesistente, la flebile tenerezza dei romantici. Al contrario il cuore ha a che vedere con il riconoscimento del lato terribile e fecondo della realtà, attraverso cui accettare la sfida dell'essere al mondo.

E, oltre a passare per *senza cuore*, il nichilista viene considerato spesso per uno che ha preso tutto troppo sul serio. Non ci rendiamo conto di quanto ci si prenda sul serio nel momento in cui si è meramente consumistici. Quello è il modo più estremo di prendersi sul serio e di darsi un'importanza spropositata. Sezionarsi e autodecostruirsi, far sparire pezzi di sé, sono i gesti di chi riesce *al contempo* a prendersi sul serio e a ridicolizzarsi profondamente.

E se ha ragione Cioran quando scrive che «se una sola volta fosti triste senza motivo, lo sei stato tutta la vita senza saperlo», noi crediamo anche che «se una sola volta fosti felice senza motivo, lo sei stato tutta la vita senza saperlo». Si tratta, in fondo, di imparare a sviluppare una forma raffinata di nostalgia: dal latino *nostos algia*, "dolore per il ritorno": «Perché ancora non sono quel che sarò?» si domanda chi cerca sé stesso nei ricordi, e si dispone a superare i propri limiti prendendo la spinta per raggiungersi.

IL RIFIUTO DEL DOLORE

Questo non è un invito a soffrire, beninteso. Al contrario, vuole essere un monito per evitare di dilatare a oltranza il mal di vivere, sfuggendo a ogni manifestazione della meraviglia. E c'è un dolore peggiore degli altri, ed è quello che nasce dal rifiutare sistematicamente il dolore. Non siamo abituati a riconoscerlo, e intacca l'esistenza di tutti quelli che non riescono più a fare spazio nella propria vita perché devono a tutti i costi essere positivi, entusiasti, felici, performativi.

Li si riconosce perché, per ansia di trasformare quel che arriva loro, non si prendono il tempo di accoglierlo e gli cambiano subito il segno, da meno a più. Essere positivi, però, è uno sbilanciamento: vuol dire aver soppresso un polo fondamentale. È una banalità troppo spesso dimenticata, questa grande lezione di Nietzsche: che noi siamo l'energia che si produce tra i poli, e che sopprimerne uno significa autodistruggersi. La luce senza il buio è illusione, il buio senza luce è follia.

Convertire istintivamente ogni meno in un più è, a ben vedere, una raffinata forma di dipendenza che ci impedisce di scendere dentro noi stessi, di coltivare l'infelicità. Solo esplorando i nostri abissi potremo elaborare sterminate cartografie degli inferi: e se il mondo fosse capovolto, ci riscopriremmo esperti delle vette. «Nel nostro ottundimento psichico non siamo nemmeno mummie o zombie, perché non siamo stati nel mondo infero, nella terra dei morti. Siamo semplicemente nella caverna di Platone, drogati, bloccati, ottusi. Il mio appello, allora, non è tanto quello classico: "svegliati e guarda". Ma piuttosto: "Senti"», scriveva James Hillman in *Politica della bellezza*. Cosa vuol dire tutto questo?

L'utopia del benessere

Che non possiamo svegliarci semplicemente perché non stiamo dormendo. Non c'è risveglio per chi non conosce il sonno. Siamo drogati di stimolazioni che ci tengono in sospeso tra risveglio e morte per paura di vivere e morire, di non discendere nell'ignoto che abita entrambe le condizioni, e galleggiamo in quella terra disperata e scintillante chiamata *benessere*. Né carne né pesce, né bianchi né neri, siamo *calofobici*: abbiamo paura della bellezza, del sentire il suo pulsare nel cuore del mondo, in ogni vena. E preferiamo cliccare *mi piace* alle pallide imitazioni virtuali del bello. Stiamo imparando a dare un voto a ogni cosa, come in una versione aggiornata di quella che Guy Debord aveva definito "società dello spettacolo".

Mettere *like*, etimologicamente, significa: io ti somiglio. Il verbo "like", infatti, deriva dal proto-germanico *lik-*, che significa "lo stesso", la "forma", il "simile". Ogni volta che mettiamo un *like* stiamo donando la nostra attenzione, affermando: "Il mio pensiero ora somiglia al tuo pensiero, e voglio che tu lo sappia". È un bel rischio. Per affermare davvero che qualcosa ci piace dobbiamo sapere chi siamo: soltanto riconoscendo la nostra forma possiamo riconoscere di somigliare a qualcuno. Altrimenti stiamo adattando la nostra immagine fittizia a quella di qualcun altro.

Il potere della nostra presunzione ci fa credere di conoscerci, di sapere esattamente chi e come siamo: nella presunzione non c'è spazio per il dubbio, né per il dubitare. Ma bisogna saper dubitare, non basta avere dubbi. Dubitare, infatti, non vuol dire semplicemente essere indecisi tra due scelte ordinarie: vado o non vado, lo faccio o non lo faccio, è giusto o non è giusto. Dubitare, quindi, non è pendere tra due o più poli, ma porsi verso ogni questione, ogni oggetto, ogni evento, come se fosse un baule pieno di potenziali tesori. Riconoscere in ogni istante la possibilità di una scelta straordinaria. Dubitare, infatti, deriva dal latino *duo*, "due": è il potere di avere presente in ogni momento l'altro lato delle cose. È il non dare mai per scontato il mondo, ricordandosi che il pavimento della realtà a cui aderiscono i nostri piedi è anche il soffitto che sta sopra le nostre teste. Il filosofo non può che essere inquieto.

INQUIETUDINI

A questo proposito Agostino d'Ippona ha scritto: «Inquieto è il nostro cuore finché non riposa in te». In tanti hanno interpretato questa frase con trita e melensa banalità, affermando che: "Se trovi Dio va tutto a posto", "Se sei nel cuore è tutto OK".

Agostino, piuttosto, sta ricordando che la condizione umana del ricercatore è per natura l'inquietudine, e che in questa vita il cuore può trovare un riposo solo momentaneo. Il cuore è fisicamente e metaforicamente un muscolo pulsante e, se si fermasse, sarebbe un bel problema. Il coraggioso, quindi, non è chi ha il cuore immobile, ma chi ha imparato ad ascoltarlo e ad andargli dietro. E quando più cuori si muovono nella stessa direzione, si è concordi (*con-cor*) l'uno con l'altro, si ha un po' più coraggio di incamminarsi verso l'ignoto e si è un po' meno disgustati dalla vita.

Perché spesso si sente ripetere: «La vita fa schifo». È vero: schifo (da "schivo") significava originariamente timore, paura. Dire che la vita fa schifo è un modo per dire che la vita fa paura perché è troppo piena, ricca, spietata e incontrollabile. E preferiamo schivarla – e schifarla – piuttosto che affrontarla e accettarla. Preferiamo rifugiarci nei paradisi delle religioni o della virtualità piuttosto che mettere radici e rami in questo mondo.

Basta poco per cominciare a progettare la fuga: tanti provano a fare qualcosa di buono e, al primo fallimento, lasciano perdere per sempre. «La vita è stata chiara», dicono. «Non dovevo farlo, era troppo», aggiungono. E allora si fanno più piccoli, e stringono anche i cassetti, con tutto quello che di ingombrante c'è dentro. E se la vita avesse voluto dire il contrario? Che quel tentativo non andava bene perché non avevano osato abbastanza, non l'avevano fatta abbastanza grossa. Dovevano pensarla più in grande. «Questo è poco. Ritenta, sei molto più fortunato di così», dice la vita.

Capitolo 7
Essere teorici del mondo

Secondo il pensiero comune, il filosofo è colui che elabora teorie senza alcun contatto con la realtà, semplicemente per il gusto di costruire giochi di parole e castelli di carta. In realtà una teoria vera – proprio come una storia – nasce sempre da una visione, da un'esperienza o da un tentativo di comprensione. Prendiamo Carl Gustav Jung, il padre della psicologia analitica. Oggi tante delle sue teorie ci sembrano scontate, eppure al suo tempo erano solo ipotesi che il più delle volte andavano contro il paradigma medico corrente. Sappiamo che tante di queste teorie venivano dalle sue esperienze interiori e dal suo modo di codificare e interpretare la realtà. Come racconta in *Ricordi, sogni, riflessioni*, fin da piccolo aveva la sensazione che ci fossero in lui due personalità distinte: una *personalità 1*, calata nel proprio tempo, e una *personalità 2*, antichissima e molto lontana dal contingente, dallo spirito della sua epoca. Su questa base iniziò a ipotizzare che questa sensazione potesse essere condivisa da altri, e sviluppò le idee di *spirito del tempo* e *spirito del profondo*.

Dello spirito del tempo (*Zeitgeist*) si era già parlato tra il Settecento e l'Ottocento in letteratura e in filosofia.

In particolare, Jung doveva essere stato influenzato dalla *Fenomenologia dello Spirito* di Hegel – che nel suo monumentale sistema filosofico intendeva spiegare il movimento dello spirito nel tempo, cioè come lo spirito (*Geist*) si manifesta nelle varie epoche storiche – ma soprattutto dal *Faust* di J. W. Goethe – che si diceva fosse il padre biologico di suo nonno – in cui sono presenti questi versi:

> Quel che chiamate spirito dei tempi
> è in sostanza lo spirito degli uomini
> nei quali i tempi si rispecchiano.

Nel corso degli anni, Jung iniziò a immaginare che a uno spirito del tempo presente – che per esempio oggi si manifesterebbe in macrofenomeni come l'uso degli smartphone, le comunicazioni immediate, i fast-food – fosse contrapposto uno spirito del profondo, indipendente dalla contingenza temporale. Per questo la sua voleva essere una psicologia del profondo, in grado di aiutare l'essere umano a ristabilire il contatto con una parte profonda e antica che aveva dimenticato.

La nascita della società di massa aveva divaricato questa separazione, portando le persone a concentrarsi unicamente sulla *personalità 1*, sullo spirito del tempo, sulla contingenza, sull'ordinario, sul tran tran della vita quotidiana. Per dare spazio alla propria *personalità 2*, Jung scelse di abbandonare l'insegnamento universitario e di passare molti mesi all'anno in un edificio di pietra, costruito con le sue mani, in cui un uomo del Cinquecento non avrebbe trovato nulla di strano, nulla che non avvertisse come un elemento naturale. Immaginate come Jung vedrebbe oggi le nostre routine, la velocità di comunicazione che abbiamo sviluppato, l'abitudine alla virtualità.

Quelle che Jung elaborò nel tempo furono teorie – cioè modi per contenere la realtà – e non verità assolute.

Teoria viene dal verbo *θεωρέω* (*theoréo*), "guardo, osservo", composto da *θέα* (*thèa*), "spettacolo" e ὁράω (*horào*), "vedo": l'essere spettatori, il guardare lo spettacolo del mondo. Non modellare la realtà e far tornare i conti ma osservare e tentare una comprensione. Non sei tu a creare la realtà, ciò che puoi fare è elaborare una struttura per spiegarla nel miglior modo possibile. La realtà supera, sovrasta e meraviglia, ma la teoria è necessaria per definirla, per contenerne la complessità. Una teoria non può mai spiegare tutto il funzionamento dell'Universo, ma solo una parte, una scena, un'inquadratura. È il dilemma di moltissimi scienziati, che cercano di elaborare teorie complesse per spiegare i fenomeni fisici, valide fino a quando non arriva – e arriva sempre – una massa di dati che le falsifica, che ne mostra la debolezza, l'incapacità di descrivere la complessità del fenomeno. Puoi cercare di spiegare una scena dello spettacolo, non lo spettacolo completo.

Ciò che conta, dal nostro punto di vista, è il modo in cui la osservi, al di là della disciplina di cui ti occupi. Che si tratti di emozioni, relazioni, musica, funzionamento del cervello, filosofia, letteratura, cinema, spiritualità, Big Bang, meccanica quantistica o gravità, ciò che conta è lo *sguardo*. Perché in fondo tutto, dalla scienza alla chiacchiera, dalla psicologia all'economia è teoria, più o meno raffinata. Le teorie che elabori – fossero anche le riflessioni che fai sul comportamento dei tuoi colleghi di lavoro – nascono dalla disposizione alla meraviglia, cioè dall'avere sempre di fronte il potente spettacolo della realtà, o dal tentativo di avere potere sul mondo? Nascono dal bisogno di comprendere o di avere ragione?

È chiaro che elaborare teorie senza appoggiarsi alla loro verità assoluta sia complicato e faccia paura, perché costringe a praticare costantemente l'attenzione. Niente è vero una volta per tutte; da un momento all'altro potresti vedere "compirsi il miracolo" e dover buttare via tutto ciò in cui hai creduto per tutta la vita. Puoi accettarlo? Sei in grado di accollarti il rischio pur di vedere il miracolo?

UNA TEORIA È UN'IDEA DEL MONDO

Crediamo che Jung sia stato in grado di farlo, sebbene a un certo punto abbia dovuto per forza di cose creare una struttura complessa che collegasse tra loro le teorie elaborate negli anni sulla base di una *Weltanschauung*, cioè "un'idea del mondo", e di conseguenza della vita e dell'essere umano.

A partire dalla propria esperienza aveva quindi creato delle ipotesi, raccolto una vasta casistica clinica grazie ad anni di lavoro con i pazienti, inventato esercizi ed esperimenti – per esempio quelli di *immaginazione attiva* – e infine dato vita a prospettive sempre più elaborate che potessero spiegare i moti dell'animo e le dinamiche attraverso cui elaboriamo dolori e sofferenze. Ne veniva fuori una concezione del mondo allo stesso tempo antica – dato che Jung era un cultore di alchimia, astrologia, discipline e tradizioni spirituali orientali e occidentali – e innovativa, perché parlava ai suoi contemporanei con un linguaggio che si sforzava di rendere il più possibile scientifico, anche per non attirare il discredito della comunità medica del tempo.

L'idea che esista un Sé formato da una parte conscia e da una parte inconscia; l'idea che dentro l'essere umano ci siano delle istanze archetipiche, cioè degli schemi universali, impersonali e innati che lo condizionano; l'idea che nell'uomo e nella donna alcune di queste istanze siano diverse a causa del genere di appartenenza, ma che l'uomo abbia una componente femminile interna (Anima) e la donna una maschile (Animus), e che il rapporto con l'altro sesso sia condizionato per tutta la vita dal modo in cui sono state introiettate queste immagini archetipiche; l'idea che oltre al proprio inconscio personale esista un inconscio collettivo, che il più delle volte viene immaginato come un gigantesco contenitore attingibile da tutti, ma che potrebbe essere qualcosa di simile a una stratificazione, a un magma, a una rosa dei venti; l'idea che tutto ciò di cui siamo composti e tutto ciò che ci succede nella vita possa esserci utile – anzi che ci sia necessario – per compiere il nostro *processo di individuazione*, cioè per strutturare la nostra personalità dando vita a un soggetto solido; dunque che la vita non sia una somma di accadimenti casuali e che, che esista una vita dopo la morte oppure no, l'esistenza abbia un senso, e che il senso per l'essere umano sia individuarsi, cioè capire chi è, cosa desidera, quali sono i suoi problemi e come può risolversi, a cosa è chiamato, come può rispondere a questa vocazione. Tutte queste sono teorie di matrice junghiana, basate sulla visione della vita dello psichiatra svizzero, e che quindi potrebbero essere totalmente false.

La facilità con cui possiamo crederle vere dipende dal fatto che viviamo in questo tempo e in una società fortemente influenzata da queste teorie; eppure la verità potrebbe essere differente. Ciò che conta è mantenere l'atteggiamento filosofico, cioè inseguire la conoscenza a bordo di una nave (la teoria) senza perdere la disposizione ad abbandonarla quando sta per naufragare, ma continuando a dirigerci verso la *sophia* con un'altra nave o, se necessario, a nuoto. Ciò che conta, quindi, è non trasformare una teoria in un dogma.

LA FILOSOFIA NON È UN DOGMA

A detta di Jung, che di navi nel corso dei suoi studi ne cambiò parecchie, Sigmund Freud desiderava elaborare un *dogma* (dal verbo greco *δοκέω*, che può significare "opinione", "dottrina religiosa" o "decreto"), cioè un principio fondamentale con cui spiegare tutto e da non mettere mai in discussione. Nella sua biografia racconta del tentativo di Freud di convincerlo a rendere dogmatica l'idea che ogni nevrosi umana provenisse da desideri sessuali inconsci, ma che non accettò, perché credeva che una sola teoria non potesse spiegare la complessità dei vissuti umani.

Di più: non pensava che conoscere la causa originaria delle proprie nevrosi fosse sufficiente a liberarsene, mentre per Freud chi aveva un trauma doveva semplicemente individuare la matrice del problema – cioè quello che non sapeva di sé, in genere un appetito sessuale represso – e diventarne consapevole. Divenuto consapevole, avrebbe risolto il problema.

Jung voleva invece restituire ai propri contemporanei l'idea che la vita fosse qualcosa di molto più complesso, un viaggio dentro di sé che non rispondeva solo alla legge di causa ed effetto, in cui non importavano solo i fatti tangibili, le vicende e le esperienze ordinarie, ma anche tutto ciò che usciva dal piano quotidiano, in cui si manifestava qualcosa di magico e non misurabile. Parlava della necessità di un radicamento, senza il quale sarebbero emerse patologie, nevrosi e conflitti all'interno della persona. Parlava della necessità di compiere un matrimonio sacro (*ιερός γάμος*, *hieros gàmos*) con sé stessi, un'unione simbolica, e tutte queste idee erano spesso più poetiche e attraenti di quelle freudiane, ma rimanevano comunque teorie, un modello di comprensione della realtà personale.

Ecco perché un autore in grado di vedere lo studio della psiche in maniera così divergente rispetto allo spirito del proprio tempo è stato tanto grande quanto ingombrante: perché ha visto abbastanza lungo da elaborare una teoria nuova. Le generazioni successive hanno rischiato comunque di farne un dogma, definendosi *junghiane* e confondendo un tentativo di descrizione della realtà con la realtà.

Il filosofo Edmund Husserl rivolse una frase emblematica alla collega Edith Stein al tempo in cui era sua allieva: «Mi prometta, mia cara, che non penserà mai qualcosa soltanto perché l'hanno pensato altri prima di lei». E se in questo caso sono due dei più grandi filosofi del Novecento a parlare, nell'ironico racconto di Georges Ivanovič Gurdjieff è la nonna paterna a usare parole simili, a conferma che la ricerca filosofica è un atteggiamento, più che un diploma di laurea:

> Viveva ancora a quel tempo la mia cara nonna, ora defunta, e aveva poco più di cent'anni. Al momento della sua morte — che il Regno dei Cieli sia la sua dimora! — mia madre mi condusse vicino al letto, secondo l'uso di quei tempi, e mentre mi chinavo a baciare la sua mano destra, la cara nonna pose sul mio capo la sua morente mano sinistra, e disse con voce bassa ma distinta: «O primogenito dei miei nipoti! Ascolta!... e ricorda sempre le mie ultime volontà. Nella vita, non fare mai quello che fanno gli altri». Poi mi fissò la radice del naso, e notando probabilmente che alle sue parole ero rimasto perplesso aggiunse, un po' contrariata e in tono autoritario: «O non fai nulla, cioè vai solo a scuola; o fai qualcosa che mai nessuno abbia fatto».[14]

IL PARADIGMA

Al tempo in cui Freud e Jung iniziarono la pratica clinica, i medici etichettavano la maggior parte dei disturbi psichiatrici come schizofrenia, praticavano elettroshock e una serie di trattamenti invasivi e non parlavano con i pazienti. Si trattava del paradigma vigente e

[14] G. I. Gurdjieff, *Incontri con uomini straordinari*, Adelphi, Milano 1981, p. 32-33.

non c'era ragione di metterlo in dubbio, finché i due (e altri pionieri come loro) non iniziarono a proporre un modello nuovo, nuovi esperimenti e una diversa relazione medico-paziente.

Questo cambiamento è ben descritto nell'opera *La struttura delle rivoluzioni scientifiche,* nella quale Thomas Kuhn ha cercato di spiegare come accadono le rivoluzioni nella scienza. Secondo il filosofo di Cincinnati ogni tempo ha un paradigma vigente, cioè un modello nato da una serie di fattori complessi: conoscenze scientifiche acclarate, casistica, teorie, tecnologie a disposizione e fattori extrascientifici, per esempio il modo in cui una teoria viene promossa e riesce a diffondersi nella comunità scientifica e a livello popolare. Non è detto, infatti, che a imporsi siano le teorie migliori: a volte sono quelle più semplici, più affascinanti o meglio propagandate.

Ciò accade anche per la letteratura, per la musica e per la filosofia. Perché *Cime tempestose* o *L'idiota* sono diventati dei classici della cultura europea e altri libri sono stati dimenticati? Il più delle volte a causa della potenza dell'opera, altre volte per caso o per fortuna. In sostanza, una serie di fattori imprevedibili rendono la vita facile ad alcune teorie e opere e difficile ad altre. Per Kuhn tutti questi elementi realizzano un paradigma vigente in ogni periodo storico, che è condiviso e preso per buono finché non arriva qualcuno a metterlo in crisi. Si tratta di una convenzione che i membri della società di quel tempo definiscono verità, ma che è relativa.

In genere chi mette in crisi il paradigma, cioè la convenzione, viene osteggiato perché sta mettendo in dubbio qualcosa ritenuto indubitabile, ovvio; ma nel corso del tempo il paradigma, dopo aver ricevuto una serie di colpi ben assestati, crolla e viene sostituito. Le rivoluzioni scientifiche sono quindi periodiche e fisiologiche, e portano da un lato alla confutazione totale o parziale delle precedenti teorie, dall'altro alla creazione di una nuova convenzione.

A differenza di Freud, che proponeva una radice unica per spiegare le nevrosi, Jung propose un sistema più complesso, in cui il medico doveva essere in grado di operare un discernimento sulla base di ciò che conosceva e soprattutto di chi aveva davanti:

> Un medico deve avere familiarità con i cosiddetti "metodi", ma deve guardarsi dall'applicarli in modo stereotipato. Le premesse teoriche vanno applicate con cautela. Oggi forse sono valide, domani lo saranno altre. Nelle mie analisi, non vi hanno alcuna parte. Non sono sistematico, e volutamente. Secondo me, avendo a che fare con individui, ciò che importa è solo la comprensione dell'individuo. Abbiamo bisogno di un linguaggio diverso per ogni paziente: in un'analisi mi si può sentir usare il linguaggio di Adler, in un'altra quello di Freud. L'importante è che io mi ponga dinanzi al paziente come un essere umano di fronte a un altro essere umano.[15]

La teoria e la tecnica sono modi di comprendere una realtà fondamentalmente incomprensibile. Nel momento in cui la incontri, non puoi pensare di misurarla secondo un unico schema, ma devi ricordarti che ciò che hai davanti non sarà mai davvero catalogabile. Il tuo schema e la tua teoria saranno sempre vestiti troppo

[15] C. G. Jung, *Ricordi, sogni, riflessioni*, BUR, Milano 2012, p. 245.

stretti, un contenitore materiale per un contenuto trascendente che sguscia via in un attimo, con facilità, specie se t'illudi di averlo acciuffato.

Il filosofo è un cercatore della verità libero dai pregiudizi, che non ha chiese da difendere e che quindi nel corso della sua opera può e deve contraddirsi, come fecero Nietzsche, Arendt, Foucault, lo stesso Jung. Elaborare un'idea vera una volta per tutte significa presumere di poter attingere a qualcosa di statico che non ammette contrari. Pensare che la psicologia – cioè una disciplina che ha poco più di un secolo – sia qualcosa di fisso, in altre parole pensare che abbiamo capito che cosa sia davvero l'essere umano, è un limite tanto stupido quanto pericoloso.

È chiaro che anche la struttura delle rivoluzioni scientifiche è un tentativo di comprensione, e che le cose potrebbero funzionare in modo del tutto diverso. È pur sempre una teoria!

Capitolo 8

Follia controllata

Chiunque tenta di andare oltre il modo ordinario di vedere le cose – e di conseguenza elabora teorie o narrazioni per spiegare ciò che ha visto – rischia di impazzire, perché non è facile convivere con la sensazione di essere *gettato nel mondo*. Davanti a questo si è trovato Nietzsche e davanti a questo si è trovato Jung. La ragione per cui il primo è impazzito e il secondo è rimasto sull'orlo dell'abisso può essere spiegata con l'espressione usata da Carlos Castaneda nei suoi romanzi: *follia controllata*.

> Un Uomo di Conoscenza [...] *vede* che la sua vita finirà anche troppo presto; sa che lui come tutti gli altri, non andrà da nessuna parte; sa perché *vede* che non c'è nulla che sia più importante di tutto il resto. [...] Così un Uomo di Conoscenza si affatica, suda, sbuffa e se lo si guarda è esattamente come un uomo normale, solo che la follia della sua vita è sotto controllo. […] La sua *follia controllata* lo porta a dire che ciò che fa importa e lo fa agire come se importasse, pur sapendo che non è così; per questo, dopo aver agito, si ritira in pace e, che le sue azioni siano buone o cattive, più o meno efficaci, non è cosa che lo riguardi. Un Guerriero deve sapere prima di tutto che le sue azioni sono inutili e nonostante ciò

deve procedere come se lo ignorasse. Questa è la *follia controllata*».[16]

L'ESCLUSIONE DELLA FOLLIA

Fino a poco più di un secolo fa i neurologi classificavano pressoché ogni disturbo mentale come schizofrenia o demenza precoce, e avevano l'idea che non ci fosse modo per entrare in contatto con il paziente. Fu l'opera di alcuni pionieri a sovvertire questo stato di cose: smisero di trattare i pazienti come oggetti, corpi a cui sottoporre qualunque tipo di shock o da rinchiudere in un ospedale psichiatrico per decenni aspettandone la morte, e iniziarono a trattarli come persone.

Jung raccontò, per esempio, di una donna che viveva in uno stato vegetativo da decenni e che ripeteva insistentemente degli strani movimenti con le mani. Si accorse che si trattava dei gesti tipici dei calzolai, e scoprì che la donna da giovane era stata innamorata di un calzolaio, ma non aveva potuto sposarlo. Da lì la causa della patologia, che nessuno aveva ricollegato alla perdita dell'amore perché – semplicemente – nessuno ci aveva pensato. Quella donna aveva passato decenni a compiere gli stessi gesti, intrappolata in una coazione a ripetere che rappresentava un messaggio per il mondo esterno, ma nessuno l'aveva osservata davvero.

La persona che aveva una nevrosi, un disturbo psicologico o una malattia psichiatrica veniva isolata. Oggi potremmo ritenere ovvie le *procedure di esclusione* che nella

[16] C. Castaneda, *Una realtà separata*, BUR, Milano 2000, p. 108.

nostra società avvengono costantemente – così come riteniamo ovvi e naturali comportamenti e pratiche altrettanto disumane che sono invece assai recenti – eppure non è sempre stato così. Se lo sconvolgente saggio *Da animali a dèi* dello storico israeliano Yuval Noah Harari ha sfatato molti falsi miti sull'evoluzione umana (per esempio sul passaggio da cacciatori-raccoglitori ad agricoltori, che non sarebbe stato un miglioramento, bensì un peggioramento delle condizioni di vita), nel 1961 il celebre *Storia della follia nell'età classica* di Michel Foucault cercò di tracciare una grande genealogia della follia al fine di comprendere il momento storico e le ragioni che hanno portato l'Occidente a escludere i folli dal resto della comunità.

> Quale era questa strana delimitazione che è stata alla ribalta dal profondo Medioevo sino al XX secolo e forse oltre? Perché la cultura occidentale ha respinto dalla parte dei confini proprio ciò in cui avrebbe potuto benissimo riconoscersi, in cui di fatto si è essa stessa riconosciuta in modo obliquo? Perché ha affermato con chiarezza a partire dal XIX secolo, ma anche già dall'età classica, che la follia era la verità denudata dell'uomo, e tuttavia l'ha posta in uno spazio neutralizzato e pallido ove era come annullata?[17]

Secondo il filosofo francese, nel corso del Medioevo la lebbra aveva maledetto le città europee, e i lebbrosi erano stati estromessi dalla comunità per interrompere la trasmissione della malattia. Alla fine del Medioevo,

[17] M. Foucault, *Storia della follia nell'età classica*, BUR, Milano 2012.

però, la lebbra sparì, creando uno scompenso sotto vari punti di vista (anche quello economico, dato che i beni fondiari dei lebbrosari rappresentavano una grande fortuna per i regnanti) e un precedente, cioè una serie di istituti, luoghi e riti di esclusione creati per qualcosa che doveva essere escluso. Dato che non c'era più la lebbra, l'elemento di disturbo doveva essere rimpiazzato. Dapprima fu sostituita, secondo Foucault, dalle malattie veneree, che non avevano però la stessa potenza e la stessa portata distruttiva, e che potevano essere curate anche in ospedale e in poco tempo. La degna sostituita della lebbra diventò quindi la *follia*, un fenomeno complesso di cui la medicina a quel tempo non si era ancora occupata.

La follia era la manifestazione nell'uomo di un elemento oscuro e disordinato, caotico, instabile, morte e nascita di ogni cosa. Non poteva essere contenuto nell'ordine statale perché lo avrebbe messo in discussione, eppure il suo allontanamento impoveriva.

Se la società escluse il folle, il teatro ne fece una categoria, una maschera che mostrava agli altri personaggi quanto fossero identificati con la realtà, incapaci di vedere «l'inganno consueto», qualcuno che aveva rinunciato alla convenzione, che mescolava tragico e comico, che insultava e si prendeva gioco del mondo apparente. Ancora oggi la follia spaventa perché incontenibile, perché fa somigliare gli uomini ad animali, ma affascina perché fa intuire (anche a torto) un contatto con il sapere tanto profondo da essere incomunicabile, intricato, esoterico. Alla follia è accaduto ciò che è successo alla notte, all'oscuro, al negativo: è stata progressivamente eliminata dalla convenzione sociale, che ha stabilito cosa fosse *normale* e cosa no.

L'opera di Foucault è il tentativo di riconoscere le procedure di esclusione messe in atto dal mondo occidentale a partire dall'età classica per mantenere l'ordine in società enormi, dunque per fare in modo che milioni di persone potessero convivere in maniera pacifica. Per farlo – come sostiene anche Harari – era necessario compiere delle scelte arbitrarie, che vennero messe in atto nel corso del tempo fino ad arrivare a sembrare *naturali*.

IL FILOSOFO È UN VISIONARIO

Carl Gustav Jung aveva il terrore di impazzire, di fare la fine di Friedrich Nietzsche.

«Gli anni più importanti della mia vita furono quelli in cui inseguivo le mie immagini interiori. In quegli anni si decise tutto ciò che era essenziale: tutto cominciò allora. I dettagli posteriori sono solo completamenti e chiarificazioni del materiale che scaturì dall'inconscio», confida Jung ad Aniela Jaffé in *Ricordi, sogni e riflessioni*. In quegli anni che vanno dal 1910 al 1913 e che sono racchiusi nel *Libro Rosso*, documento straordinario scritto da Jung in caratteri gotici e da lui illustrato magistralmente, lo psicologo svizzero ha compiuto un'opera con rarissimi precedenti. Ha cercato di non farsi condizionare dal paradigma della sua epoca – cioè dallo spirito del suo tempo – e ha attinto invece allo spirito del profondo.

«Mi ci sono voluti praticamente quarant'anni per distillare nell'alambicco del mio lavoro scientifico le cose che sperimentai e annotai allora. Da giovane, la mia meta era di fare qualcosa nella mia scienza. Ma poi fui travolto da questo torrente di lava, e il suo fuoco diede nuova forma e nuovo ordine alla mia vita. Quelle prime fantasie e quei sogni furono per me come magma fuso da cui si cristallizzò la pietra che potei scolpire», dichiarò Jung, che per quasi mezzo secolo non aveva messo da parte un'esperienza che altri avrebbero rimosso, terrorizzati.

Aveva lavorato per riportare a unità le visioni avute nel corso di soli tre anni, fino ad affermare che «i dettagli posteriori sono solo completamenti e chiarificazioni del materiale che scaturì dall'inconscio». Diede vita a un'opera unica nella cultura occidentale moderna, dando importanza a dei vissuti che altri avrebbero etichettato come follia o liquidato con un racconto autobiografico; per questo il *Libro Rosso* sembra provenire da un altro tempo, cioè sembra *libero* dallo spirito del tempo, dalle correnti culturali dominanti tra gli anni '10 e gli anni '60 del secolo scorso.

Quelle visioni tremende, quell'immersione nella propria interiorità lo portarono sull'orlo della pazzia, che è l'unico punto in cui ha senso cercare. È un rischio necessario solo per chi ha sufficiente radicamento e strumenti adatti: Jung era un quarantenne di successo a quel tempo, e per riuscire a trasformare quanto vissuto era solito praticare posizioni yoga per riportarsi a terra. Era un vero e proprio esploratore che accolse l'invito al viaggio nell'ignoto, senza mai dimenticare la giusta attrezzatura e la giusta attenzione. Quel magma a cui fa riferimento si solidificò in seguito, e Jung non si fermò. Scelse, piuttosto, di scolpirlo, di affinarlo, di non gettarlo né di prenderlo acriticamente. Piuttosto, ne fece il cardine della propria scienza, nel più tragico, personalissimo ed eccezionale equilibrio tra Dioniso e Apollo.

Oggi rischiamo di compiere un processo di individuazione seguendo un modulo standard, una prassi consolidata, una tecnica uguale per tutti, sottraendo quindi lo spazio per la meraviglia e, dunque, per l'errore. Jung rischiò di morire e non si tirò indietro: ma lo fece con la ferma convinzione di aver preso tutte le precauzioni possibili per un essere umano. Il miracoloso si manifesta solo in uno spazio in cui è possibile sbagliare. Non ha niente a che fare con l'efficacia, non conferma il mondo ordinario, non è un processo di normalizzazione.

FARE FILOSOFIA CON IL MARTELLO

La meraviglia cambia le carte in tavola, stravolge il progetto di vita che avevi deciso di portare avanti: Jung voleva diventare un medico importante, fare una carriera invidiabile, pubblicare libri che fossero apprezzati – mentre ciò che gli accadde lo travolse, costringendolo a una scelta. E lui scelse di non escludere quel fiume di lava: passò quarantacinque anni a «fare filosofia con il martello», come aveva scritto il suo amato Nietzsche. Con questa immagine, spesso fraintesa, Nietzsche non ha in mente un nano malefico e muscoloso che, armato di un grande martello, va in giro a spaccare tutto quel che trova. Il martello che ha in mente Nietzsche, a cui fa riferimento nel sottotitolo de *Il crepuscolo degli idoli – Come si filosofa con il martello* – è piuttosto lo strumento del mineralogista che saggia la composizione di una pietra toccandola appena: «Porre qui, per una volta, domande col martello e, forse, udire per risposta quel famoso suono cupo che parla di visceri enfiati», scrive nella prefazione del testo.

Ciò non significa che l'intento del filosofo sia *pacifico*: è «una grande dichiarazione di guerra; e per quanto riguarda l'auscultare gli idoli, stavolta non sono idoli del nostro tempo, ma idoli eterni, ad esser qui toccati col martello come con un diapason». I visceri enfiati, e cioè le interiora tumefatte, gonfie di botte e vecchiaia, sono la traccia della decadenza delle grandi *idee eterne*: quelle perfette e immutabili del sovrasensibile. Ogni buon libro di filosofia è un manuale d'istruzioni per l'autocostruzione del proprio martello personale, da testare innanzitutto su sé stessi: sulle ginocchia, sulla testa, sulla pancia, e in seconda battuta sul mondo che ci circonda. È un lavoro terribilmente solitario e certosino.

Quando si parla di patologie psichiatriche e disturbi gravi è chiaramente necessario il sostegno di un medico che dovrà aiutare il paziente incapace di tirarsi fuori da solo dalle paludi interiori; ma quando si affronta il processo di individuazione, cioè un percorso personale in cui non sono presenti patologie cliniche, bisogna agire innanzitutto in solitudine, facendo attenzione a non renderlo un percorso di *normalizzazione*.

Rischiamo di pensare che individuarsi significhi essere normali, quindi privi di spigoli, di irrazionalità, etichettabili e inquadrabili. Rischiamo di pensare che conoscere sé stessi significhi aver capito una volta per tutte se si è introvertiti o estrovertiti, leader o gregari, con una spiccata intelligenza spaziale o musicale o interpersonale. In tutti questi casi si tratta di teorie: la persona umana rimarrà sempre qualcosa di profondo e inconoscibile, dunque territorio di meraviglia.

Rendersi misurabili rischia di chiudere le ferite illudendo l'individuo che si siano rimarginate, e facendo aderire l'idea di sé con la propria vita quotidiana. L'idea di una normalità a cui adeguarsi rischia di portare l'individuo a una mediocrità diffusa perché crea ulteriori strutture che danno sicurezze ma che impediscono di vedere la realtà.

La forza dell'uomo sta nell'aderire perfettamente a sé stesso, accettando la totalità della vita nella piena «fedeltà alla terra». L'uomo forte è colui che sceglie di vivere ogni istante della propria esistenza, a differenza di quanto viene imposto dalla civiltà occidentale, fondata invece sulla rinuncia alla vita e a tutto ciò che esonda dal contenibile. Chi fuoriesce dagli schemi per *troppa bellezza* è spesso costretto a fingersi normale, ordinario, *comprensibile*. La civiltà pretende di comprendere tutti, di prendere ogni individuo dentro di sé. Ma per alcuni è semplicemente impossibile: sono i casi che, a ben vedere, salvano quotidianamente l'umanità. Come quello di Philip K. Dick.

Fin da bambino Philip Dick era stato un tipo particolare, nato negli Stati Uniti in un periodo – quello a cavallo tra le due guerre mondiali – in cui iniziavano a diffondersi i test di valutazione della personalità e gli psicofarmaci. Imparò presto a contraffare i questionari per fare in modo di nascondere le proprie "stranezze", la propria "anormalità". Anziché attraverso la psiche, come aveva fatto Jung, cercò di indagare il mondo e l'essere umano con la letteratura fantastica, scrivendo racconti e romanzi visionari oggi imprescindibili per chi scrive e legge di fantascienza, robot e distopie. In *Io sono vivo, voi siete morti*, la biografia a lui dedicata, Emmanuel Carrère racconta una precoce esperienza dello scrittore americano, che segnerà tutta la sua vita:

> Quella famosa volta al cinema, quando si era sentito male durante il cinegiornale in cui si vedevano i marine che bruciavano con i lanciafiamme un gruppo di giapponesi. Dorothy aveva raccontato quell'aneddoto ad Anne, come esempio della sensibilità e dell'antimilitarismo precoce del figlio. Ma in realtà lei non sapeva che cosa avesse realmente provato quel giorno. Seduto nella logora poltrona rivestita di velluto rosso, con un sacchetto di popcorn in mano, aveva guardato le pareti di quella specie di scatola in cui era rinchiuso insieme a un centinaio di sconosciuti, il fascio luminoso che, partendo dalla cabina alle sue spalle, si allargava a cono fino a raggiungere lo schermo, i granelli di polvere che danzavano in quel cono e uno strappo nella moquette sotto i suoi piedi, e di colpo, prima ancora che iniziasse il cinegiornale, aveva capito. Aveva capito con assoluta certezza che non esisteva nient'altro.

Solo quelle quattro pareti, il soffitto, il pavimento e gli altri prigionieri. Tutto ciò che credeva di sapere del mondo esterno e della sua vita in quel mondo era solo un cumulo di falsi ricordi, un'illusione che gli era stata insinuata nel cervello, non avrebbe saputo dire se per crudeltà o per pietà. Era sempre stato là, ad assistere a quel film che credeva essere la sua vita. Tra poco avrebbe creduto di uscire, di camminare insieme alla madre per le strade di una cittadina americana chiamata Berkeley, di tornare a casa e ascoltare le registrazioni di una composizione di Schubert, ma in realtà non esisteva niente di tutto questo, non esistevano né sua madre, né Schubert, né l'America, né la Germania, e forse nemmeno gli altri spettatori rinchiusi nella sala insieme a lui: forse anche loro facevano parte del film. Allora aveva giurato a sé stesso che quando fosse uscito, o avesse creduto di essere uscito, avrebbe cercato di non lasciarsi abbindolare, di ricordare che in realtà non si era mosso dalla sala e che non esisteva un'altra realtà. Ma sentiva che allora quel pensiero non avrebbe più avuto lo stesso grado di certezza, che gli avrebbe fatto l'effetto di un seducente paradosso e non di una verità ineludibile.[18]

È eccezionale il parallelismo tra l'esperienza di Montale analizzata in *Forse un mattino* e quella di Dick raccontata da Carrère: la sensazione di trovarsi in uno spettacolo senza pubblico è terribile e sconvolgente. Gli alberi, le case e i colli di Montale sono il cumulo dei falsi ricordi di Dick; gli uomini che non si voltano del primo sono la madre, Schubert, l'America e la Germania del secondo. Il *segreto* del poeta italiano era il "seducente pa-

[18] E. Carrère, *Io sono vivo, voi siete morti*, Adelphi, Milano 2016, p. 104-105.

radosso" dello scrittore americano. La sensazione di trovarsi all'interno di un inganno colossale è un'esperienza vissuta da chiunque abbia accolto pienamente la meraviglia nella propria vita. Quel momento di comprensione suprema non è destinato a mantenersi integro: è un dono che va protetto e coltivato.

Va protetto perché il costante fluire dei fatti della vita toglierà potenza ed efficacia al ricordo: senza la giusta cura, la più potente visione *thaumatica* diventerà *traumatica*, e sparirà tra le pieghe dei ricordi pur di permettere una sopravvivenza indolente. Un'esperienza simile è una lama affilatissima che si inserisce nella massima tenerezza del proprio cuore: l'istinto di conservazione sfilerà la lama e la renderà innocua, ma così facendo allontanerà l'individuo dalla dolorosa verità. Con Nietzsche: «È la filosofia del popolo, quella svelata ai mortali dall'incatenato dio silvano: "La cosa migliore è di non esistere, e la migliore dopo questa è di morire presto". È questa stessa filosofia che costituisce lo sfondo di quel mondo di dèi. Il Greco conosceva i terrori e le atrocità dell'esistenza, ma li velò per potere vivere: *una croce nascosta tra le rose*, secondo il simbolo di Goethe».

Per proteggere il *segreto* – la lama, la croce – bisogna assicurare il massimo taglio, conservarlo nell'unico luogo pieno di meraviglia e immediatamente attingibile – il cuore, le rose, appunto – e al contempo assicurarsi che la propria delicatezza riesca a convivere con tanta potenza. È un compito improbo e sconsigliabile: la filosofia è per tutti, ma diventa *per pochi* quando la si fa a costo della vita. Quando diventa il prendersi cura di quel *segreto*, obbliga a sviluppare un'attenzione sovrumana, che spesso non basta a evitare danni permanenti. Quel che riuscirono (forse) a fare *i Borges*, e quel che (forse) non riuscirono a fare *i Dick* fu questa convivenza impossibile tra lama e burro, tra reale e irreale, tra il terrore dell'ignoto e la quiete del mondo ordinario. Ma tutti loro erano figli della stessa visione. Ancora Carrère su Dick:

> Conosceva tutte le forme culturali che la sua intuizione aveva assunto nel corso del tempo: la caverna di Platone; il sogno di Zhuang-zi, che quattro secoli prima della nostra èra si era chiesto se poteva affermare con certezza di essere un filosofo cinese che aveva sognato di essere una farfalla, e non al contrario una farfalla che stava sognando di essere un filosofo cinese; e, infine, la versione più spaventosa, quella suggerita nel 1641 da Cartesio: "Chi può assicurarmi che non mi sto facendo ingannare da un cattivo genio infinitamente potente, che vuole indurmi a credere nell'esistenza del mondo esterno e del mio corpo?". Speculazioni di questo tipo erano diventate la sua specialità professionale e, da quando gli era tornato il ricordo di quel lampo di certezza infantile, al cinema, aveva imparato a evocarlo a comando. Da solo, in bagno, gli bastava osservare per un po' nello specchio la sua faccia, il suo corpo, le mattonelle, lo scarafaggio morto rimasto impigliato nella tenda della doccia per sentirsi sprofondare di nuovo, con una facilità sconcertante, nell'irrealtà. C'era sempre stato.[19]

È possibile richiamare quell'esperienza: coltivarla, rinnovarla come si fa con la pasta madre per non perderne il contatto e trasmetterla ad altri. Come la pasta madre, il segreto va rinfrescato opportunamente, così da

[19] Ivi, p. 106.

permettere una nuova ed efficace lievitazione dell'esistenza e stimolare nuove esperienze di autentica e saporita meraviglia.

LA FOLLIA CONTROLLATA

Il nichilismo è deleterio e fa male alla vita solo quando non diventa follia controllata: quando non è attivo e positivo, e non sa reggere le conseguenze della morte di Dio e della fine di ogni metafisica. Se riesce in quest'impresa, il *nichilismo ultimo* può aiutare a tenere gli occhi aperti sulla realtà, ad accoglierne tutta la gamma dei colori e a non rifiutare l'oscuro, la tenebra, il negativo, come accade ancora oggi. La nostra è una società della pura positività, come sostiene il filosofo coreano Byung-Chul Han. Una società della trasparenza, della chiarezza, della computazione, del digitale, in cui tutto si riduce al piano ordinario, anche ciò che ha a che fare con la spiritualità, come abbiamo scritto in *Tu non sei Dio*.

La percezione del nulla, invece, che è una percezione non ordinaria della realtà – e in questo senso davvero spirituale – aiuta ad aprire le porte alla meraviglia. Perché la meraviglia non è la soddisfazione di possedere ciò che volevi, di avere raggiunto gli obiettivi e realizzato i desideri che ti eri prefissato, ma è qualcosa che trabocca, e che non si può dire che sia bello o brutto. Tu sei solo spettatore del potente spettacolo dell'Essere e del Nulla.

Per lasciare spazio alla meraviglia serve disciplina. In altre parole, per fare in modo che la follia di ciascuno di noi abbia un senso serve la capacità di indirizzarla. Come scrivevamo a proposito di Immanuel Kant, per lasciare che il sublime emerga serve compiere la propria marcia ogni giorno alla stessa ora o, come insegnano i cabalisti, avere raggiunto i quarant'anni e avere due figli o, come si dice in *The Karate Kid*, mettere la cera e togliere la cera, mettere la cera e togliere la cera, senza scordarsi di respirare.

La ricerca della meraviglia non è la ricerca di stati alterati che ti fanno sballare e ti sradicano dalla realtà; ha bisogno di un lavoro di radicamento, di un'attenzione nei confronti delle piccolissime cose. La capacità di meravigliarsi è un radar interno, non qualcosa da farsi somministrare.

Le dinamiche del tempo che stiamo vivendo rappresentano la tentazione di portare lo spirito del profondo dentro lo spirito del tempo: meditazioni di quindici minuti all'interno di una vita frenetica, divulgazione spirituale sui social network, verità esoteriche rimasticate per renderle commestibili a persone che vanno di corsa, ma che nella pianificazione della giornata vogliono inserire *anche* il lavoro su di sé.

In questo modo rischiamo di prenderci in giro, di credere di vivere in simbiosi con lo spirito del profondo mentre siamo totalmente immersi nello spirito del tempo. Per essere aperti alla meraviglia bisogna disporsi a sottrarsi, a farsi idioti, a vivere senza l'assillo del tempo che scorre. Al contrario il tempo va dilatato, come Jung scelse di fare andando a vivere nella Torre di Bollingen, come Edith Stein fece abbandonando l'insegnamento e diventando una suora carmelitana di clausura.

La maggior parte delle nostre nevrosi deriva da questo: abbiamo smesso di vivere nello spirito del profondo – anche perché non siamo educati a farlo, non avendo come occidentali un humus culturale che ci aiuti – e siamo controllati soprattutto nei nostri vissuti psichici (viviamo in una *psicopolitica*, come sostiene Byung-Chul Han). Non conosciamo la cura di sé, un'idea che per la cultura greca era importantissima e che confondiamo con le sue versioni semplificate, che hanno più a che fare con la costituzione di un'Inquisizione interiore che con la fioritura personale.

Accettare la follia, rinunciare a etichettarsi (cioè a normalizzarsi) ed esercitare la disciplina sono modi per prendersi cura di sé. «Conosci te stesso» (*γνῶθι σεαυτόν*, *gnōthi seautón*) è solo una parte della cura di sé, che è il tentativo di distruggere tutto ciò che del nostro approcciarci al mondo non ci appartiene, lasciando che affiorino i contenuti profondi, il vero soggetto, e non tutte le sovrastrutture (il sovra-soggetto) che chiami con il tuo nome ma che non sei tu. Il processo di cura di sé è un'emersione del soggetto.

Lo spirito del nostro tempo ci costringe a scegliere delle nicchie in cui ci troviamo sicuri, ma si tratta di opzioni tra cui siamo costretti a scegliere, e non veri atti di libertà. Devi affermare quale sia il tuo orientamento sessuale, quali siano le tue idee politiche e religiose, scegliere un tipo specifico di romanzi o saggi che ami leggere, di musica che ami ascoltare. Si tratta di una categorizzazione che può illuderci di conoscere noi stessi, ma che ci limita profondamente.

La cura di sé ha a che fare, piuttosto, con lo scioglimento, l'evaporazione di ogni etichetta e corazza. Conoscere sé stessi significa abbandonare il personaggio che hai recitato, e non costruirne uno funzionale allo spirito del tuo tempo. Ciò che emerge non è una persona piena di qualità ma uno spettatore attivo, un osservatore positivo e pronto allo spettacolo dell'ignoto. Ha a che fare con l'*ermeneutica*, cioè un tentativo di comprensione, non di catalogazione. Fare ermeneutica di sé non significa appiccicarsi addosso delle etichette, ma avere di fronte contemporaneamente il dettaglio e l'insieme, senza escludere niente.

E alla follia si può reagire in tre modi: cercando – per paura – di appiattirsi al livello ordinario, costruendo quindi un personaggio; perdendo la bussola e lasciandosi andare al fiume di lava, senza controllo; esercitando la follia controllata, che può significare comunque la costruzione di un personaggio – come suggerisce Don Juan nel romanzo *Una realtà separata* di Carlos Castaneda – ma all'interno di una recita consapevole e distaccata.

Il folle non è semplicemente chi immagina cose che non esistono e vede entità che non ci sono: è colui che si muove senza armatura e assicurazioni, e per questo viene colpito di petto dallo strato più profondo delle cose. In termini gurdjieffiani, ha meno *respingenti* della maggioranza degli esseri umani, cioè meno ammortizzatori di realtà:

Dietro ogni persona ci sono anni e anni di vita sbagliata e stupida, compiacente ad ogni classe di debolezze, di sonno, di ignoranza, di affettazione, di mancanza di sforzo, di lasciarsi portare dagli avvenimenti, di chiudere gli occhi, di lottare per evitare i fatti sgradevoli, di mentire costantemente a sé stesso, di abusare degli altri e attribuire la colpa agli altri, di trovare difetti in tutti, di giustificare sé stesso, di essere vuoto, di parlare male, e così via. Il risultato di ciò è che la macchina umana è sudicia e lavora male. E questo non è tutto, perché si creano in essa strumenti artificiali dovuti al suo cattivo funzionamento. E per una persona che desideri svegliarsi e convertirsi in un'altra persona e fare un'altra vita, questi strumenti artificiali ostacolano le sue buone intenzioni. Sono chiamati respingenti.[20]

DIONISIACO E APOLLINEO

Se il respingente ha come scopo assorbire la meraviglia del mondo, il linguaggio è finalizzato a metabolizzarla. Il linguaggio è limitato, è un discorso (*logos*) solo parzialmente trasmissibile. La meraviglia è prima e dopo il *logos*: è quel fiume di lava che trascina ma che rischia di travolgerti se non lo racconti. Bisogna imparare a usare il linguaggio senza mai perdere la consapevolezza che, pur trattandosi di uno strumento eccezionale, è comunque parziale: è un setaccio utile a separare la polvere d'oro da quella di terra ma incapace di trattenere l'acqua eterna.

In questo senso non è necessario – anzi è controproducente – sottoporre l'invisibile agli esperimenti del vi-

[20] M. Nicoll, *Commentari Psicologici sull'insegnamento di Gurdjieff e Ouspensky*, vol I, Elfis, Ravenna 2016, p. 18.

sibile. Come ha scritto Carlo Levi in *Cristo si è fermato a Eboli*, negli ambienti in cui era ancora forte la magia popolare – nel caso del libro, l'Abruzzo dell'epoca fascista – la medicina non era svilita né entrava in contraddizione con le credenze comuni. Non è necessario ingaggiare una lotta tra razionale e irrazionale, perché non sono davvero in conflitto. Del resto, non si può costringere l'ignoto a nostro piacimento, né farsene trascinare senza un radicamento nelle cose ordinarie.

A esasperare la visione razionale del mondo, secondo Nietzsche, sono stati per primi Socrate ed Euripide: annullando il dionisiaco avevano dato avvio alla decadenza dell'Occidente. La Tragedia è stata il gioco supremo proprio perché seppe far convivere sogno ed ebbrezza. «La creazione dell'artista dionisiaco è allora il giuoco con l'ebbrezza. Questo stato, se non lo si è sperimentato personalmente, lo si può intendere solo simbolicamente: è qualcosa di simile a quando si sogna e al tempo stesso si avverte che il sogno è appunto un sogno. Il seguace di Dioniso deve così trovarsi nell'ebbrezza e al tempo stesso stare fuori di sé come un osservatore in agguato».[21] Un secolo dopo, Borges e Castaneda si esprimeranno negli stessi termini riguardo il sogno e l'agguato: «La letteratura, del resto, non è che un sogno guidato», dirà ad esempio Borges ne *Il manoscritto di Brodie*, e Castaneda indirettamente risponderà: «Il Primo principio in assoluto dell'*Arte dell'Agguato* è che il Guerriero ponga l'Agguato a sé stesso, e lo faccia spietatamente, con astuzia, pazienza e dolcezza».

[21] F. Nietzsche, *La nascita della tragedia*, Adelphi, Milano 1978, p. 156.

La Tragedia greca seppe far convivere dionisiaco e apollineo, ebbrezza orgiastica e quiete sognante. Non concesse un momento al primo e un altro, separato, al secondo, ma li fece coesistere nello stesso atto, nello stesso istante: «La maestria artistica dionisiaca non si rivela in un'alternanza di assennatezza e di ebbrezza, bensì nella loro consistenza». Dare uno spazio limitato a ciascuno dei due dèi equivarrebbe a praticare un atto *apollineo* su entrambi: nel tentativo di equilibrare, cioè, si squilibrerebbe il tutto a favore di Apollo.

Capitolo 9

La meraviglia dell'Altro

Secondo Martin Heidegger, il filosofo ha bisogno di solitudine: «La sua solitudine non può essere discussa». È un atto di coraggio mettersi a disposizione dell'ignoto ma, come nel mito della caverna, è ancora più impegnativo mettersi anche a disposizione degli altri: una volta fuori dalla caverna, una volta visto il Sole – fa dire Platone a Socrate – il filosofo dovrà rientrarvi *per gratitudine* verso quella comunità che ha favorito la sua emersione. Dovrà tornare in mezzo agli altri, «gli uomini che non si voltano», senza la voglia di starci: governerà senza voglia di governare, perché non potrà dimenticare che si tratta «dell'inganno consueto». La filosofia, infatti, è per sua natura politica.

La filosofia, come Marinetti ebbe a dire della poesia, è azione: è nata per educare nelle piazze alla vita, per smuovere *fisicamente* gli animi dei cittadini e rivolgerli verso la cura di sé e del mondo. «La filosofia non è una dottrina, ma un'attività», scriveva Ludwig Wittgenstein nel *Tractatus*. Possiamo imparare ad ascoltare la metrica degli avvenimenti e la ritmica degli incontri, a immaginare e praticare versi di risposta a quelli offerti incessantemente dal mondo. Si diventa filosofi, sosteneva

Schopenhauer, quando si ha il coraggio di non nascondere nessuna domanda nel cuore. Un animo filosofico non cerca sé stesso in un immaginario mondo interiore ma si ritrova fuori, tra gli altri, negli atti vitali, creativi e comunitari, che espandono e approfondiscono il senso dell'esistenza umana.

ORIGINE DEL TOTALITARISMO

Il ritorno tra gli altri è la prova del nove per il filosofo: cosa è riuscito a osservare davvero durante il proprio processo solitario? Cos'è in grado di riportare nel mondo? Quale visione è capace di incarnare? Se da un lato potrebbe rifiutarsi di tornare tra gli altri, dall'altro potrebbe dar vita a un'ideologia totalitaria, come accadde a Platone e, dopo di lui, a Karl Marx.[22]

In *Vita Activa,* Hannah Arendt ha preso in esame proprio l'opera di Marx, in particolare l'idea che la prima rivoluzione industriale abbia condotto all'alienazione dell'uomo: il lavoro in fabbrica aveva ridotto l'individuo in schiavitù, separandolo dalla parte più autentica di sé e rendendo la sua vita l'ombra di quel che era in origine. Arendt concordava con l'idea che il passaggio dalla vita di campagna a quella dei grandi centri avesse rappresentato un impoverimento della vita quotidiana dell'essere umano, imponendo una velocità e una produttività a cui gli operai non erano abituati, e credeva che questa perdita avesse comportato l'esigenza di una compensa-

[22] Per un approfondimento della spinta totalitaria del filosofo di Atene si veda A. Colamedici, *Il Codice del Mito*, Mursia, Milano 2017.

zione, che si manifestò a livello collettivo con la nascita delle ideologie totalitarie.

Se Marx vedeva la salvezza nell'applicazione pratica delle proprie idee comuniste, Arendt riconosceva una dinamica comune a tutti i regimi totalitari: delle persone carismatiche avevano elaborato una visione del mondo ponendo una premessa, data per vera, da cui erano derivate una serie di conseguenze all'apparenza inevitabili. Ecco cos'era l'ideologia: il contrario del pensiero, perché stabiliva dogmi e certezze e toglieva campo d'azione al dubbio.

Per un filosofo, abituato a problematizzare e complicare la realtà, realizzare un'ideologia totalitaria può rappresentare un'enorme tentazione, la tentazione di far prevalere l'apollineo sul dionisiaco, di rimettere le cose a posto, di fare ordine. Di ridurre l'insensatezza dell'esistenza umana a un unico problema da risolvere, e trovare per questo problema un sistema unico e totalizzante che assicuri la salvezza a tutti, come accadde con il comunismo.

La premessa di Hitler era stata che nel corpo della Germania ci fosse un virus, costituito dagli ebrei, che impediva alla razza ariana di recuperare il proprio potere. In questo modo aveva intercettato la sensazione propria dei tedeschi che ci fosse qualcosa che impediva loro di recuperare una parte profonda e potente di sé, e di conseguenza il Führer poteva imporre deliberatamente una serie di comportamenti da assumere e una serie di azioni da compiere: una prassi che i tedeschi nazisti applicavano senza discernimento, semplicemente perché era stato comunicato loro da un potere indubitabile.

L'ideologia afferma qualcosa escludendo tutto il resto: difende i diritti di una classe di esseri umani e non prende in considerazione gli altri, pone l'accento su un solo problema sociale, vede sé stessa come salvezza dell'umanità e giustifica l'eliminazione di ogni altro tipo di organizzazione politica, che le è nemica, dunque nemica della salvezza e della verità, che solo quell'ideologia incarna. In un regime totalitario non hai bisogno di elaborare pensieri, perché c'è una risposta a ogni cosa.

LA BANALITÀ DELL'ASSENZA DI PENSIERO

L'11 aprile del 1961 a Gerusalemme iniziò il processo contro Adolf Eichmann, un gerarca nazista che si era macchiato di crimini atroci nel corso della Seconda guerra mondiale. Hannah Arendt seguì il processo per conto del «New Yorker», e due anni dopo pubblicò il saggio *La banalità del male*, in cui analizzava il comportamento e le dichiarazioni di Eichmann, uno di quei burocrati di regime che decidevano ogni giorno la sorte di migliaia di esseri umani e nel resto del tempo erano persone normali con a cuore la salute dei propri figli, che si preoccupavano per un colpo di tosse.

Quando a Eichmann venne chiesto come mai solo poche persone si fossero tirate indietro di fronte a ordini di crudeltà indicibile, rifiutandosi di eseguirli, la risposta fu semplice: chi non partecipava era chi osava giudicare sé stesso, cioè chi si domandava fino a che punto sarebbe stato capace di vivere in pace dopo aver commesso certe azioni e, avvertendo la condizione tragica, sceglieva di non fare nulla, anche a costo di essere considerato irresponsabile dalla maggioranza. Non si trattava di avere un migliore sistema di valori, o essere sicuri di cosa fosse giusto o sbagliato, o di essere più intelligenti della media ma, secondo l'interpretazione di Arendt, queste persone avevano semplicemente l'abitudine di vivere insieme, e in particolare con sé stesse, cioè erano occupate in un dialogo silenzioso tra Io e Io. In senso socratico, *pensavano*.

Gli altri, invece, avevano abdicato al pensiero e non perché fossero stupidi, ma perché avevano delegato a Hitler la facoltà di pensare. Il Führer aveva sempre ragione, non era necessario domandarsi niente.

L'uso del pensiero previene il male, che nella sua variante più diffusa non è dunque qualcosa di sofisticato, ma è grossolano. Ciò che salva non è un nemico comune, né un sovvertimento delle condizioni economiche, ma l'esercizio del pensiero, l'auto-osservazione, il dialogo interiore e dunque il dialogo pubblico. In caso contrario, un'intera società può essere disposta ad accettare qualsiasi cosa, perché avrà delegato ogni capacità di giudizio. Smetterà di ribellarsi, di discernere, di discutere pubblicamente, di occuparsi dello spazio pubblico. Pensare, al contrario, significa *agire*: ecco perché la filosofia è sempre anche azione politica, perché non lascia mai il mondo così com'è, lo mette sempre in dubbio, si domanda la ragione di ogni cosa, non è serva di nessuno.

Arendt ha affermato per la prima volta che il male non è raffinato, sofisticato e consapevole, ma *banale*. Il vero mostro non è la persona cattiva ma quella mediocre, quella che non pensa, che non riflette, che non ha idee. Non solo può essere manovrata ma può diventare manovratrice, perché non riflette sulle azioni che compie, e le compie senza sentirsene responsabile. In tutta la sua opera Arendt ha cercato di dire al lettore che i processi storici sono più forti della scelta personale, e se non eserciti il pensiero rischi di far parte di uno sciame che indirizza il tuo agire e sentire senza che tu te ne renda conto.

SIAMO TUTTI RANE BOLLITE

Noam Chomsky ha spiegato questa condizione con "il principio della rana bollita": immaginate un pentolone pieno d'acqua fredda nel quale nuota tranquillamente una rana; il fuoco è acceso sotto la pentola, l'acqua si riscalda pian piano.

Presto l'acqua diventa tiepida, e la rana la trova piuttosto gradevole; la temperatura continua a salire finché l'acqua è calda, forse un po' troppo per la rana che tuttavia non si spaventa e rimane in panciolle. L'acqua, però, è davvero troppo calda, e la rana la trova sgradevole, ma ormai si è indebolita, e non ha la forza di reagire. Sopporta e non fa nulla per salvarsi. La temperatura sale ancora, e la rana semplicemente finisce morta bollita.

È la condizione in cui si trova chiunque faccia parte di un totalitarismo: sei all'interno di un sistema che apparentemente non ti sta facendo nulla di male. Sì, ti chiede sempre di più, ti controlla sempre un po' di più, perdi sempre un po' di privacy in più, ma ricevi in cambio qualche altra cosa (sicurezza, comodità, velocità) di apparente pari valore.

Immaginate un giovane che nel 1933 aderisce al nazismo: vede in Hitler il portatore di idee nuove, di un Rinascimento in grado di riportare i tedeschi a un passato glorioso da troppo tempo perduto. Il ragazzo non sa che, di lì a poco, milioni di ebrei saranno portati in campi di sterminio; probabilmente nel 1933 questo gli farebbe orrore. Ma pochi anni dopo, quando il modello di pensiero totalitario si sarà diffuso nella sua mente, quel giovane sarà disposto a obbedire a qualsiasi ordine e non potrà più tornare indietro. Il totalitarismo rovescia l'imperativo categorico kantiano, e il nazista ragiona in questi termini: agisci come agirebbe il Führer. Vivi come vivrebbe lui.

Tutto ciò che viene ordinato dal Führer è giusto, lui può decidere per me, che ormai non ho alcuna capacità di formulare pensieri complessi e discriminare. Se lui ha deciso che devo uccidere le migliaia di esseri umani che ho davanti, allora ci sarà una ragione, sarà giusto. Ciò che porta al rafforzamento di un modello di pensiero totalitario, quindi, è la costante, lentissima ma inesauribile privazione della libertà di pensiero. Al posto di Eichmann si sarebbero potuti trovare moltissimi altri individui che avrebbero compiuto le stesse scelte. Eichmann non è un'eccezione, non è il classico mostro. È quel che tutti possiamo diventare se rinunciamo a pensare e quindi a compiere azioni responsabili.

Ecco perché il discorso di Arendt non vale solo per il processo di Norimberga ma anche per i grandi e piccoli Führer del nostro tempo. Che sono moltissimi e che cercano il consenso della massa, cioè di quell'enorme parte della popolazione che non vuole pensare e impegnarsi in un interesse comune, che non ha un obiettivo da raggiungere e che quindi è più manipolabile: «Potenzialmente esistono in ogni paese, e formano la maggior parte di quei grandi numeri di persone indifferenti alla politica, neutrali, che non andrebbero mai a iscriversi a un partito, e che hanno anche difficoltà a votare».

A rendere forte il nazismo non sono state le menti più illuminate della Germania del Novecento, ma chi dentro non aveva il fuoco, il desiderio. È la mancanza di un ideale condiviso che lascia spazio alla nascita dell'ideologia. Anche oggi, ciò che unisce le persone nei movimenti politici non è una visione del mondo, ma un'esigenza, e chi dà vita ai macro-fenomeni cerca di raggruppare le masse che non hanno scopo comune offrendo loro un cartello a cui aderire, convincendole che quel *brand* difenderà i loro interessi privati escludendo finalmente l'elemento che hanno individuato come nemico (la crisi, gli immigrati, la casta dei politici). È per questo che si vota per ricevere cinquanta, ottanta o cento euro in cambio, o per far costruire un muro che divida due nazioni, o per mandare a casa i vecchi rappresentanti pensando che un nuovo fantoccio cambierà drasticamente le cose.

È un modello di pensiero che semplifica e produce l'idea che una singola azione possa rovesciare una brutta realtà, laddove la politica è invece una pratica complessa, fatta di persone in grado di rappresentare le posizioni di chi le ha elette e di elettori che hanno appreso l'arte dell'associarsi insieme. Abbiamo accettato che la politica sia una delega, che si tratti di votare il miglior candidato e non pensarci più; ma la politica – al contrario – è un atto collettivo a cui nessuno si può sottrarre, un'azione attiva che coinvolge tutta la comunità, che sente di avere un futuro verso cui muoversi insieme e non *alle spalle* degli altri, *nonostante* gli altri, o *per colpa* degli altri.

Per questo la filosofa tedesca spingeva alla *disobbedienza civile*: niente di muscolare o distruttivo, al contrario un insieme di gesti disinteressati e consapevoli per recuperare la capacità di agire sulla base dei propri pensieri e non finalizzati alla mera difesa della propria economia. Compie gesti di disobbedienza civile chi si prende cura della propria comunità, chi alimenta il desiderio di renderla uno spazio inclusivo e, per questo, si interessa di diritti e di questioni che non porteranno alcun beneficio alla sua persona.

DIALOGO PUBBLICO

Solo chi interroga sé stesso in un dialogo silenzioso tra Io e Io può incontrare il Tu, cioè l'Altro, al fine di creare non una gerarchia, ma «un mondo di cose tra coloro che lo hanno in comune, come un tavolo è posto tra quelli che vi siedono intorno». Condividere un tavolo pur avendo convinzioni profondamente diverse richiede una disposizione tutt'altro che totalitaria. Lo spazio politico chiede che tutti i cittadini si mettano in gioco, anche quando non sono rappresentanti.

Nella *polis* greca non potevi limitarti a votare, dovevi informarti, esprimere la tua opinione, dialogare con gli altri, e dunque la vita pubblica costituiva un impegno a cui non potevi sottrarti. Fare politica significa sedere allo stesso tavolo pur avendo idee e convinzioni diverse, ma senza voler imporre le proprie e schiacciare quelle dell'altro. È questa la *polis*, una comunità inclusiva fondata sul dialogo. Non tribune ma tavoli attorno ai quali sedersi per creare una narrazione, un discorso caldo, e quindi incontrarsi davvero, incontrare lo sguardo dell'Altro.

Il modello di pensiero totalitario, al contrario, tende a escludere ciò che non si adatta alla verità che intende sempre riconfermare. Per questa ragione non cerca dialogo ma comunicazione e condivisione immediata, dunque *consenso*, e cioè una reazione istintiva e semplificata.

E cercano un consenso immediato quei politici che usano i social per condividere notizie false in grado di suscitare consenso immediato. Non intendono costruire qualcosa in comune con altri: da te vogliono solo un *like* che si trasformi in un *voto*, cioè in una cessione di potere. Ecco perché leggere oggi i dialoghi di Platone può essere molto utile: perché le persone che discutevano allora erano come noi, occupavano le stesse posizioni che potremmo occupare noi, si facevano domande attualissime; eppure non si arroccavano quasi mai sulla propria posizione troppo a lungo, ma cercavano di capire. Persino nel caso dei sofisti più integrali.

Avevano spesso una visione limitata e chiusa – che Socrate cercava di smontare pungolando, come una torpedine – ma erano persone educate al dialogo. La nostra società, al contrario di quella ateniese, spinge piuttosto a cercare una nicchia, un ambiente abbastanza piccolo da farti sentire al sicuro, in cui rinchiuderti. I tuoi interessi ti rendono un consumatore con un comportamento prevedibile e inquadrabile.

IL NUOVO TOTALITARISMO

Se il Novecento ci ha vaccinato contro il totalitarismo, ci ha fatto anche perdere fiducia nei confronti della possibilità di un cammino collettivo, portandoci a puntare tutta l'attenzione sulla nostra individualità. Quello in cui viviamo è un totalitarismo sottile, frammentario, in cui ciascuno controlla sé stesso. Non si tratta di una nuova ideologia riconoscibile a cui è possibile disobbedire, ma di una pentola d'acqua bollente in cui siamo immersi, di cui noi non vediamo i limiti, i pericoli e i rischi, e che ci sembra, tutto sommato, uno spazio in cui esercitare la libertà.

Oggi a contare sono l'individuo, il percorso personale, la realizzazione: in questo modo stiamo compiendo la più alta forma di totalitarismo, che normalizza e rende mediocri dando l'illusione di essere unici, Führer di noi stessi. Non c'è una verità unica da difendere, perché in fondo – ci viene detto – non esiste la verità, ogni fatto è manipolato e ciò che conta è l'emozione che provi. Devi aderire a qualcosa solo sulla base delle tue reazioni spontanee, non del discernimento, che significa che non puoi comunque pensare, perché non hai fatti da analizzare e da discutere con gli altri. Ci sei solo tu davanti a migliaia di opzioni tra cui scegliere, opzioni che sono state manipolate per ricevere consenso.

Tutto ciò appare più un meccanismo totalitario dichiarato che un vero spazio di libertà e deliberazione comune. Ciascuno è costretto a trovare una bolla d'illusione (una *camera dell'eco*) che amplifichi le proprie opinioni, che le confermi, come una sorta di ideologia personale: la rete che si crea tra le ideologie di ciascun individuo ti propone ciò che ti interessa, i giornali che pubblicano ciò che pensi tu, gli oggetti che puoi essere tentato di comprare, l'angolo di visuale che hai scelto.

Viene definita epoca della *post-verità* ma, in senso filosofico, sarebbe più corretto definirla *pre-verità*, perché indica l'incapacità di fare i conti con la complessità dei fatti, con la molteplicità delle angolazioni e delle opinioni che la massa di persone che convivono ogni giorno comporta. È una condizione pre-politica, perché non va oltre la capacità di dialogare pubblicamente, ma rappresenta un passo indietro, cioè la semplificazione dell'*agorà* a una mera somma di monologhi: non una piazza, ma un mosaico di primi piani, di persone che parlano e non si guardano, non si ascoltano, perché non esiste una base comune che possa portarle a trovare il bandolo della matassa.

Ecco perché oggi puntiamo così tanto l'attenzione sull'abilità tecnica: perché si tratta di qualcosa di misurabile, al contrario del pensiero, che richiede un altro tipo di ragionamento. È più facile da valutare. Ma smettere di pensare, insegna Arendt, significa smettere di agire. Alla comprensione nietzscheana della *stupidità* dei fatti o, peggio, della loro inesistenza (giacché esistono solo interpretazioni), non abbiamo fatto seguire un'azione di avvicinamento al mondo e di riscoperta diretta del circostante: per paura di meravigliarci, di lasciare che i problemi ci urtassero, abbiamo eliminato i fatti *e* le interpretazioni, appiattendole una sull'altra. Il disorientamento e il dibattito sulle notizie false derivano dal fatto che la società globale ci disorienta perché non ha un terreno, un mito, una storia, una narrazione e persino una convenzione *comuni*: è priva di una modalità condivisa di tradurre i fatti e trasformare le controversie.

Questa semplificazione rende i cittadini degli esecutori che si limitano a ripetere le parole usate da altri, propagandate dal potere, e in questo modo si sentono giustificati a scaricare la colpa sul leader o sull'organismo che hanno imitato. Oppure li rende incapaci di scegliere, perché davanti hanno una realtà sterminata e frammentaria, in cui una cosa conta come un'altra, cioè niente.

L'IRREALTÀ VIRTUALE

Molti di noi cercano una comunità – cioè uno spazio di dialogo con un codice in grado di contenere la meraviglia e di controllare la follia senza escluderla – ma non riescono a trovarla. I social odorano di comunità perché creano *community* sulla base di interessi molto specifici misurati dagli algoritmi, ma non sono davvero comunitari. Non possono rispondere alla nostra fame di comunità allo stato solido: sono contatti che alleviano momentaneamente la solitudine e la disperazione ma che non soddisfano davvero. Ecco perché se ne diventa dipendenti: perché creano assuefazione, generando il bisogno di passarci sempre più tempo per ricevere quel briciolo di soddisfazione apparente che permette di andare avanti.

Ma non è quello che stiamo cercando, perché non si tratta di un incontro vero e non si basa sullo sguardo e sul riconoscimento, ma su parametri incapaci di misurare e prevedere l'empatia che due persone possono provare guardandosi negli occhi, al di là del loro livello culturale e del loro genere musicale preferito. I social attuano una forma di indottrinamento emozionale che obbliga alla trasparenza e all'immediatezza: l'uomo contemporaneo è stato spogliato della propria volontà, dei propri desideri e dei propri segreti. Non si vergogna della propria nudità semplicemente perché non si è ancora accorto di essere nudo, e potrebbe non accorgersene mai.

Sui social viene valutata la quantità del consenso che si ha da parte degli altri, e se si compie un'azione che l'ambiente di riferimento non accetta si viene esclusi senza appello a causa di una singola *performance* sbagliata. L'errore del singolo, infatti, viene assorbito dalla comunità reale perché è chiaro a tutti che «io sono più del mio gesto». Nel mondo virtuale, invece, nessuno ha interesse a riabilitare l'individuo e a comprendere la ragione di quanto compiuto. Si tratta di un inaridimento – «un'aria di vetro arida» – dello spazio pubblico. Uno spazio freddo in cui al massimo posso vendere me stesso e rendermi appetibile, ma non creare dialogo.[23]

In una comunità inclusiva, al contrario, l'individuo è compreso con tutto il carico di possibili deviazioni dalla

[23] Si vedano a proposito l'analisi dello *shaming online* (lo svergognamento pubblico sulla rete) condotta da Jon Ronson in *Giustizieri della rete* (Codice, Torino 2015) e i saggi italiani *Morti di fama* di Giovanni Arduino e Loredana Lipperini (Carocci, Roma 2014), *Dittature dell'istantaneo* di Fabio Chiusi (Codice, Torino 2014).

norma: salvo rari casi che portano all'esclusione, il nodo dell'errore compiuto sarà sciolto in nome della fiducia e dell'apertura reciproche. La comprensione fa in modo che l'individuo non si lasci andare alle sue parti peggiori, e che i suoi momenti di follia siano gestiti (e accolti) da tutta la comunità. Gli studi etno-antropologici ne parlano diffusamente: le comunità calde, legate da miti forti, danno uno spazio alla sacralità, al dionisiaco, che la civiltà occidentale non sa offrire se non sotto forma di pantomima. Prendere l'ayahuasca all'interno della propria comunità – in cui ci sono miti antichi che descrivono e vivificano lo spirito della bevanda, ritualità che ne codificano modi e tempi di raccolta e preparazione, periodi dell'anno in cui assumerla – non è come mandarne giù un bicchierino in una metropoli europea per sballarsi e dimenticare le beghe della routine quotidiana. In quella comunità ha un senso; qui è soltanto la ricerca di emozioni forti: meglio allora il *bungee jumping*.

RESPONSABILITÀ PERSONALE

Osservare le dinamiche dei social network – come fanno Byung-Chul Han, Evgenij Morozov e molti autori che si occupano di tecnologia e vita virtuale – può portare a pensare che sia tutto manipolato, che la vita virtuale sia il male e che la colpa non sia nostra, ma sempre di qualcun altro. Ma siamo noi ad alimentare il meccanismo malato, e lamentarsi della bruttezza della prigione non permetterà di uscirne, significa solo chiedere che diventi un po' più confortevole. Anzi, *esigerlo*, da buoni sudditi.

Il filosofo non è al servizio di un potere ma solo del pensiero, e dunque non rivendica e non scarica la responsabilità. Sei sempre tu ad accettare quei meccanismi di pensiero, a non riuscire a venir via dallo spirito del tuo tempo. Ma ecco la novità: se è vero che dipende dal tuo livello di attenzione, è anche vero che tirarsi fuori da soli dalle dinamiche del contingente – specie in un tempo complesso come il nostro, in cui la vita reale si intreccia sempre di più alla vita virtuale – è quasi impossibile.

Occorre immaginare nuovi modelli di convivenza con l'idea che non saranno mai definitivi e salvifici ma sempre dei tentativi, delle teorie, delle pratiche più o meno adatte a favorire la libertà di esercizio della meraviglia di ciascuno. Isolandoci, oggi rischiamo di chiuderci e di sottrarci la ricchezza della meraviglia dell'Altro. La meraviglia, forse, è come la felicità: è vera solo se condivisa.

CONCLUSIONI

Se la società ti invita ad aderire allo spirito di questo tempo e a promuovere la tua attività personale, nel libro che hai letto ti è stato suggerito di rispondere alla chiamata che ti invita a essere *inattuale* e *impersonale:* inattuale, cioè slegato dalle logiche del tempo, contemporaneamente nel passato e nel futuro, al di là dell'idea di progresso, e quindi scomodo e antipatico; impersonale, perché solo andando al di là di sé stessi si può sperare di raggiungere un territorio davvero sacro.

La meraviglia, infatti, non ha niente a che fare con la tua biografia, con il nome che porti, con gli attestati che hai conseguito, ma è qualcosa di anonimo che d'improvviso irrompe in un territorio fatto di nomi, etichette, attributi dati alle cose e mostra un altro piano di realtà, un altro ordine di leggi. In una passeggiata uguale a tutte le altre, compiuta su una strada che conosci a memoria, fa breccia qualcosa di completamente diverso, che non ha autore. Il filosofo spera in questa breccia, attende che si apra, ed elimina ogni credenza che possa impedire alla breccia di aprirsi.

Ha scritto Weil in *La persona e il sacro*: «La scienza, l'arte, la letteratura, la filosofia che appaiono solo come forme di sviluppo della persona costituiscono un ambito in cui si registrano successi straordinari, gloriosi, che mantengono in vita certi nomi per migliaia di anni. Ma al di sopra di quest'ambito, molto al di sopra, separato da un abisso, ve ne è un altro in cui si situano le cose di primissimo ordine. Queste sono essenzialmente anonime. [...] La verità e la bellezza abitano questo ambito delle cose impersonali e anonime».[24]

Alice non segue il Bianconiglio per sé, ma perché qualcosa in lei la spinge all'inseguimento. Non è il suo nome che conta, non lo stretto limite della sua persona. Siamo tutti portati a dimenticarlo, e lo fa anche il mago Harry Potter quando, in *Harry Potter e i Doni della Morte*, dopo che i suoi amici sono stati attaccati dai seguaci del suo antagonista, Lord Voldemort, decide di abbandonare il rifugio per evitare di metterli ancora una volta in pericolo. Ron Weasley lo raggiunge e gli chiede perché sta scappando, e Harry dice: «Nessun altro morirà. Non per me». Se è vero che Harry è il prescelto e che ogni membro dell'Ordine della Fenice è disposto a dare la propria vita per proteggere la sua, è anche vero che non lo fa per lui, né per sé stesso, ma per una causa più grande. Così gli risponde Ron: «Per te? Pensi che Malocchio sia morto per te? Pensi che George si sia preso quella maledizione per te? Sarai forse il prescelto, amico, ma questa cosa è un bel po' più grande. È sempre stata più grande».

È impersonale, è insensata, è il desiderio di creare un ponte dove finisce il mondo. Per questo – benché la filosofia si nutra di argomentazioni e cerchi di elevarsi a un livello superiore a quello della pura opinione – fare filo-

[24] S. Weil, *La persona e il sacro*, Adelphi, Milano 2012, p. 18-19.

sofia è irrazionale. Al filosofo sono chieste grandi dosi di attenzione e di ossessione, un impegno che la maggior parte delle persone non vuole avere o preferisce dedicare a qualcos'altro, qualcosa che dia risposta e non crei ulteriori domande.

Avere quell'attenzione e quell'ossessione – cioè avere la vocazione del filosofo – può rendere vanitosi, e quindi distogliere dalla coltivazione dell'amore per la meraviglia, che fa dimenticare tutto il resto. Un amore che non si può fingere, perché sarebbe un matrimonio sterile, di convenienza. Invece è una vocazione, la risposta a una chiamata che senti di aver ricevuto. Emil Cioran ha scritto: «La vita mi è sempre parsa enigmatica e insignificante, profonda e irreale; un nulla che invita a meravigliarsi».

Alla fine di questo viaggio, caro lettore, dovresti avere le spalle e le prospettive sufficientemente ampie per sostenere il paradosso che Cioran invita a esplorare: l'enigma della vita che chiede di essere osservato e risolto, e che però non ha alcun significato. E la sua profondità abissale, che invita a lasciarsi penetrare e che pure non è reale. La vita è meravigliosa in due sensi: perché suscita meraviglia e perché è composta di meraviglia.

«La vita è meravigliosa», scrive ancora Cioran, «nel senso in cui è meraviglioso l'atto sessuale: durante, non dopo. Appena ci si mette al di fuori della vita e la si guarda dall'esterno tutto crolla, tutto sembra inganno, come dopo l'amplesso. Ogni piacere è meraviglioso e irreale, ed è così per ogni atto di vita».

Lo scopo del filosofo consiste nell'amare la vita contemporaneamente da dentro e da fuori, reggendone il peso e la leggerezza: guardare la vastità del mondo e la sua inesistenza, la meraviglia e l'irrealtà, la pienezza e la vacuità. Dalla fortuna di essere venuti al mondo e dall'inconveniente di essere nati.

Si può solo dire nulla:
destinazione e destino d'ogni discorso.
Ma solo questo nulla è proprio quel che si dice.
La verità del discorso intesa come esperienza stessa del suo errore.
Altro non resta che, in tutto abbandono,
lasciarsi comprendere dal discorso
senza appunto la nostra volontà di intenzione.
"Codesto solo oggi possiamo dirti,
ciò che non *siamo, ciò che* non *vogliamo".*
È Nietzsche mutuato in un distico da Montale.

Carmelo Bene

BIBLIOGRAFIA

G. Arduino, L. Lipperini, *Morti di fama*, Carocci, Roma 2014
H. Arendt, *La banalità del male*, Feltrinelli, Milano 1964
H. Arendt, *Vita Activa*, Bompiani, Milano 2000
H. Arendt, *Le origini del totalitarismo*, Einaudi, Torino 2004
Aristotele, *Metafisica*, Bompiani, Milano 2000
G. Bateson, *Verso un'ecologia della mente*, Adelphi, Milano 2000
J. L. Borges, *L'Aleph*, Adelphi, Milano 1998
J. L. Borges, *Il manoscritto di Brodie*, Adelphi, Milano 1999
J. L. Borges, *Finzioni*, Adelphi, Milano 2003
R. Burgin, *Conversazioni con Borges*, Palazzi, Milano 1971
R. Calasso, *Ka*, Adelphi, Milano 2002
R. Calasso, *Il Cacciatore Celeste*, Adelphi, Milano 2016
E. Carrère, *Io sono vivo, voi siete morti*, Adelphi, Milano 2016
L. Carroll, *Alice nel Paese delle Meraviglie*, Stampa Alternativa, Viterbo 2008
C. Castaneda, *Gli insegnamenti di don Juan*, BUR, Milano 2013
C. Castaneda, *Una realtà separata*, BUR, Milano 2000
C. Castaneda, *La ruota del tempo*, BUR, Milano 1999
F. Chiusi, *Dittature dell'istantaneo*, Codice, Torino 2014

E. Cioran, *Squartamento*, Adelphi, Milano 1981
E. Cioran, *La tentazione di esistere*, Adelphi, Milano 1984
E. Cioran, *Esercizi di ammirazione*, Adelphi, Milano 1986
E. Cioran, *Il funesto demiurgo*, Adelphi, Milano 1986
E. Cioran, *Lacrime e santi*, Adelphi, Milano 1990
E. Cioran, *L'inconveniente di essere nati*, Adelphi, Milano 1991
E. Cioran, *La caduta nel tempo*, Adelphi, Milano 1995
E. Cioran, *Un apolide metafisico*, Adelphi, Milano 2004
E. Cioran, *L'intellettuale senza patria*, Mimesis, Milano-Udine 2014
E. Cioran, *Tradire la propria lingua*, La scuola di Pitagora, Napoli 2015
M. Coglitore, S. Vaccaro, *Michel Foucault e il divenire donna*, Mimesis, Milano 1997
A. Colamedici, M. Gancitano, *Tu non sei Dio*, Tlon, Roma 2016
A. Colamedici, *Il Codice del Mito*, Mursia, Milano 2017
H. Corbin, *La sophia eterna*, Mimesis, Milano 2014
H. Corbin, *Da Heidegger a Sohravardi*, L'Herne, Parigi 1976
G. Debord, *La società dello spettacolo*, Baldini & Castoldi, Milano 2013
R. Descartes, *Discorso sul metodo*, Mondadori, Milano 2000
P. Dick, *Ma gli androidi sognano pecore elettriche?*, Fanucci, Roma 2015
P. Dick, *La trilogia di Valis*, Fanucci, Roma 2014
J. S. Foer, *Se niente importa*, Guanda, Milano 2009
M. Foucault, *La volontà di sapere*, Feltrinelli, Milano 1978
M. Foucault, *Gli anormali*, Feltrinelli, Milano 2009
M. Foucault, *Storia della follia nell'età classica*, BUR, Milano 2012

M. Foucault, N. Chomsky, *Della natura umana*, Derive Approdi, Roma 2005
M. Foucault, *L'ermeneutica del soggetto*, Feltrinelli, Milano 2003
J. W. Goethe, *Faust*, Mondadori, Milano 2016
G. I. Gurdjieff, *Vedute sul mondo reale*, Neri Pozza, Vicenza 1995
G. I. Gurdjieff, *Incontri con uomini straordinari*, Adelphi, Milano 1963
B. Han, *Psicopolitica*, nottetempo, Roma 2014
Y. N. Harari, *Da animali a dèi*, Bompiani, Milano 2015
M. Heidegger, *Introduzione alla Metafisica*, Mursia, Milano 1990
G. W. F. Hegel, *Fenomenologia dello Spirito*, Bompiani, Milano 2000
J. Hillman, *Politica della bellezza*, Moretti & Vitali, Bergamo 2002
James Hillman, *Il codice dell'anima*, Adelphi, Milano 2009
Julian Jaynes, *Il crollo della mente bicamerale*, Adelphi, Milano 1996
Alejandro Jodorowsky, *Metagenealogia*, Feltrinelli, Milano 2012
C. G. Jung, *Opere*, Bollati Boringhieri, Torino 1991
C. G. Jung, *Ricordi, sogni riflessioni*, BUR, Milano 2012
C.G. Jung, *Il Libro Rosso*, Bollati Boringhieri, Torino 2011
I. Kant, *Critica della Ragion Pratica*, Einaudi, Torino 1999
I. Kant, *Critica del Giudizio*, Bompiani, Milano 2015
I. Kant, *La religione entro i limiti della sola ragione*, Laterza, Bari 2004
S. Kosslyn, G. Wayne Miller, *Cervello alto e cervello basso*, Bollati Boringhieri, Torino 2015

T. S. Kuhn, *La struttura delle rivoluzioni scientifiche*, Einaudi, Torino 2009
D. Lessing, *Discesa all'inferno*, Fanucci, Roma 2009
D. Lessing, *Un luogo senza tempo*, Fanucci, Roma 2013
D. Lessing, *Una comunità perduta*, Fanucci, Roma 2013
Y. Michaud, *L'arte allo stato gassoso*, Idea, Roma 2007
E. Montale, *Ossi di Seppia*, Mondadori, Milano 2003
E. Morozov, *L'ingenuità della rete*, Codice, Torino 2011
E. Morozov, *Silicon Valley. I signori del silicio*, Codice, Torino 2016
M. Nicoll, *Commentari Psicologici sull'insegnamento di Gurdjieff e Ouspensky*, vol I, Elfis, Ravenna 2016
F. Nietzsche, *Sull'utilità e il danno della storia per la vita*, Adelphi, Milano 1974
F. Nietzsche, *Così parlò Zarathustra*, Adelphi, Milano 1976
F. Nietzsche, *La gaia scienza*, Adelphi, Milano 1977
F. Nietzsche, *L'Anticristo*, Adelphi, Milano 1978
F. Nietzsche, *La nascita della tragedia*, Adelphi, Milano 1978
F. Nietzsche, *Ecce Homo*, Adelphi, Milano 1979
F. Nietzsche, *Crepuscolo degli idoli*, Adelphi, Milano 1983
F. Nietzsche, *Su verità e menzogna in senso extramorale*, Adelphi, Milano 2015
G. Oettingen, *Io non penso positivo*, Tlon, Roma 2016
P. D. Ouspensky, *Frammenti di un insegnamento sconosciuto*, Astrolabio, Roma 1976
P. P. Pasolini, *Tutte le poesie*, I Meridiani Mondadori, Milano 2003.
G. Pasqualotto, *Oltre la filosofia. Percorsi di saggezza tra Oriente e Occidente*, Angelo Colla, Vicenza 2008
Platone, *Opere*, Bompiani, Roma 2000
J. Ronson, *Giustizieri della rete*, Codice, Torino 2015

L. Salomé, *Friedrich Nietzsche*, SE, Milano 2009
Satprem, *L'agenda di Mère*, Mediterranee, Roma 1987
E. Severino, *Il giogo*, Adelphi, Milano 1989
E. Severino, *Volontà, destino, linguaggio*, Rosenberg & Sellier, Torino 2010
S. Weil, *La persona e il sacro*, Adelphi, Milano 2012
L. Wittgenstein, *Pensieri Diversi*, Adelphi, Milano 1980

IN CATALOGO

1. Maura Gancitano, *Malefica. Trasformare la rabbia femminile*
2. Davide Sibaldi, *In Guerra.*
3. Emilio Manes, *L'asilo nel bosco. Un nuovo paradigma educativo*
4. Andrea Colamedici, *Madda sulla Luna. Racconto illustrato per bambini e adulti impertinenti*
5. Remo Bassini, *Vegan. Le città di Dio*
6. Igor Sibaldi, *Il mondo dei desideri. 101 progetti di libertà*
7. Andrea Colamedici, Maura Gancitano, *Tu non sei Dio. Fenomenologia della spiritualità contemporanea*
8. Igor Sibaldi, *I confini del mondo. Storie e dinamiche dell'iniziazione personale*
9. Giulio Cesare Giacobbe, *Cos'è veramente lo Yoga. Un metodo scientifico per sperimentare l'Infinito*
10. Armando Torres, *Gli insegnamenti di Carlos Castaneda e altri stregoni*
11. Selene Calloni Williams, *Thónbàn Hlá. La leggenda*
12. Ivo Nardi, *Riflessioni sul senso della vita*
13. AA.VV. *Essere un padre. Il senso della paternità tra iniziazioni e cambiamenti*
14. Matthew Fox, Rupert Sheldrake, *La fisica degli angeli. Un dialogo eretico tra scienza e spirito*

15. Annick de Souzenelle, *Va' verso te. La vocazione divina dell'Uomo*
16. Michel Odent, *La nascita e l'evoluzione dell'Homo sapiens*
17. Georges I. Gurdjieff, *Incontri con Gurdjieff. Trascrizione integrale degli insegnamenti trasmessi a Parigi in Rue des Colonels-Renard 1941-1943*
18. Igor Sibaldi, William Shakespeare, *Misura X Misura. Elogio dell'impossibile*
19. Franco Bolelli, Manuela Mantegazza, *+Donna +Uomo. Un manifesto vitale*
20. Gabriele Oettingen, *Io non penso positivo. Come realizzare i tuoi desideri*
21. Daniel Goleman, Zenobia Barlow, Lisa Bennett, *Coltivare l'intelligenza emotiva. Come educare all'ecologia*
22. Claudio Marucchi, *Elogio alla notte. Inno a occhi socchiusi*
23. Ralph Abraham, Terence McKenna, Rupert Sheldrake, *La mente evolutiva. Conversazioni su scienza, immaginazione e spirito*

Le Edizioni TLON nascono dall'esigenza di mettere al mondo libri come gradini su cui salire, maniglie da afferrare, vele da spiegare e briciole da spargere. Ne fanno parte **Andrea Colamedici**, editore, **Maura Gancitano**, direttrice editoriale, **Nicola Bonimelli**, responsabile commerciale, **Matteo Trevisani**, editor, **Michele Trionfera**, caporedattore, **Andrea Pizzari**, grafico, **Alessio Angelo Aveta**, redazione social, **Daria Picardi**, ufficio stampa.

Edizioni TLON
Via Federico Nansen 14 - 16, 00154 Roma
Tel. 06 45653446
www.tlon.it
info@tlon.it

Finito di stampare nel mese di maggio 2017
presso Lineagrafica srl, Città di Castello (PG)
per conto di Edizioni Tlon